BEI

et sa nouvelle architecture

Guide
des constructions de 1989 à aujourd'hui

Michael Imhof et León Krempel

BERLIN

et sa nouvelle architecture

Guide des constructions de 1989 à aujourd'hui

Traduit de l'allemand par
Gilles Despeux

MICHAEL IMHOF VERLAG

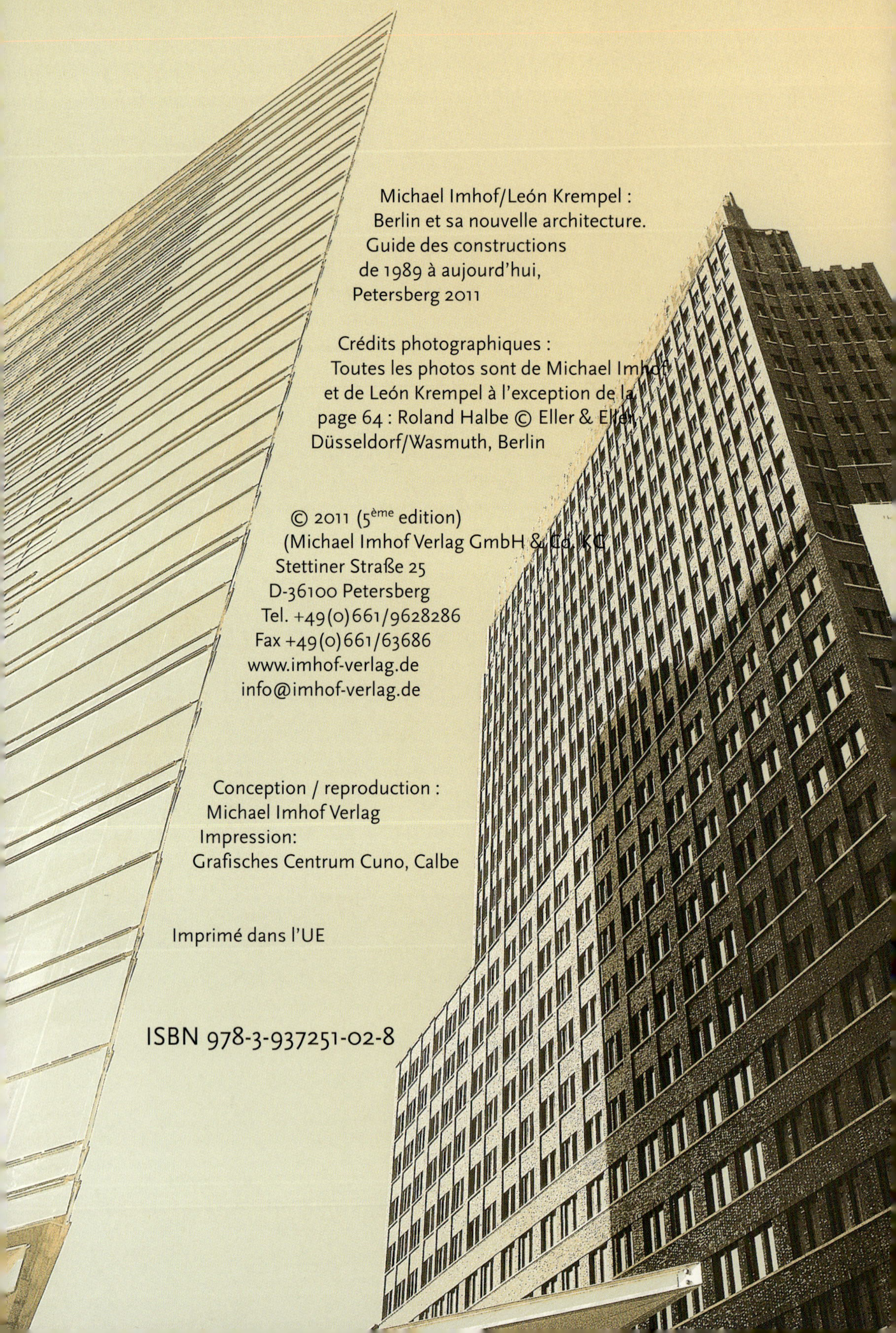

Michael Imhof/León Krempel :
Berlin et sa nouvelle architecture.
Guide des constructions
de 1989 à aujourd'hui,
Petersberg 2011

Crédits photographiques :
Toutes les photos sont de Michael Imhof
et de León Krempel à l'exception de la
page 64 : Roland Halbe © Eller & Eller,
Düsseldorf/Wasmuth, Berlin

Stettiner Straße 25
D-36100 Petersberg
Tel. +49(0)661/9628286
Fax +49(0)661/63686
www.imhof-verlag.de
info@imhof-verlag.de

Conception / reproduction :
Michael Imhof Verlag
Impression:
Grafisches Centrum Cuno, Calbe

Imprimé dans l'UE

ISBN 978-3-937251-02-8

Introduction

Vingt-deux ans après la chute du mur, Berlin est encore aujourd'hui le plus gros chantier d'Europe, bien qu'elle ne soit plus toute seule à revendiquer ce titre. Entre-temps, elle remplit sa fonction de capitale d'une Allemagne réunifiée comme s'il n'en avait jamais été autrement. En l'espace de presque une décennie, le gouvernement et les ministères y ont établi leur siège, les ambassades et associations s'y sont installées, des quartiers entiers ont modifié leur aspect et leur composition, d'innombrables bâtiments ont été construits, restaurés ou transformés, si bien que l'on ne manque pas d'être étonné chaque fois que l'on revoit la ville. La vitesse avec laquelle la ville se modifie fait de Berlin une destination de voyage qui vaut toujours le détour. Ce guide a pour objectif de présenter en texte et en image une sélection des nouvelles constructions réalisées jusqu'à nos jours. L'architecture de Berlin après 1989 ne se comprend que difficilement si l'on n'étudie pas les circonstances ayant présidé à l'histoire de l'après-guerre de la ville, fort marquée par les décisions prises en matière de construction urbaine. A la fin de la seconde guerre mondiale, la plupart des quartiers de Berlin, et notamment les arrondissements du centre-ville, ressemblaient à un véritable champ de ruines. Les trois-quarts des habitations de la ville étaient détruites ou n'étaient plus habitables dans l'immédiat. Le nombre des habitants passa de 4,33 millions avant la guerre à environ 2 millions en 1945, de nombreux réfugiés composant désormais cette population. Cette situation de „table rase" entraîna d'audacieux projets d'aménagement de la ville qui ne purent être concrétisés pour des raisons de droit de propriété des sols, mais qui n'en influencèrent pas moins les projets d'avenir. Le „plan collectif" le plus célèbre, établi en 1946 sous la direction de Hans Scharoun, prévoyait un paysage urbain aéré, verdoyant et suivant le cours de la Spree sous forme d'une bande, avec un réseau de voies express sans intersections. Avec le plan Marshall signé en 1948 sans la participation de la puissance soviétique d'occupation, la reconstruction de la ville dans les secteurs des Alliés occidentaux se fit sur une base avant tout politique. Le blocus de Berlin-Ouest (1948 / 49) ainsi que la création de la R.D.A. avec Berlin pour capitale (1949) encouragèrent le processus de partage de la ville entre l'est et l'ouest, justifié par des motifs idéologiques et dont la triste apothéose culmina en 1961 avec l'érection du mur de Berlin. Les deux parties de Berlin développèrent des concepts d'aménagement de la ville qui étaient non seulement radicalement différents, mais aussi en concurrence directe les uns avec les autres. Le quartier du gouvernement de la R.D.A. devait prendre pied dans le centre historique de Berlin, sur l'île de la Spree. Malgré les protestations internationales, le château de la ville, endommagé par la guerre, fut rasé vers la fin de l'année 1950 pour laisser la place dans un premier temps à un terrain de parade militaire. S'inspirant du modèle russo-soviétique des grandes villes, une voie très large menant de la porte de Brandebourg via Alexanderplatz à la toute nouvelle Stalinallee avec ses logements monumentaux appelés „palais des travailleurs" (*Arbeiterpaläste*) fut construite à travers Berlin-Est. Les ouvriers en bâtiment de la Stalinallee provoquèrent du fait de leur cessation de travail la grande grève générale de la R.D.A. qui entra dans l'histoire sous le nom de grève du 17 juin 1953.

La reconstruction de Berlin-Ouest ne s'effectua pas dans le même état de tension que celle de Berlin-Est, mais n'en modifia pas moins l'image de la ville. Alors qu'un style national néo-classique avait jusque là dominé, on chercha à retrouver la tradition de l'architecture Bauhaus qui avait été interrompue par la dictature et la guerre, lorsqu'on ne succombait pas à la mode du „Nierentisch" qui venait juste d'être lancée. Aux larges rues de parade de Berlin-Est, le Sénat de Berlin-Ouest opposa le concept
d'une autoroute périphérique entourant la ville selon le modèle US américain. La

riphérique entre Halensee et Hohenzollerndamm fut inaugurée en 1956. La reconstruction du quartier de la Hanse (*Hansaviertel*), sévèrement détruit pendant la guerre, sur le côté ouest de Tiergarten fut la seule occasion, à l'époque, de faire écho à la Stalinallee en construction. Sur décision du Sénat de Berlin en 1953 – décision prise alors qu'un premier appel d'offres sur concours était en cours –, l'exposition internationale d'architecture (*Internationale Bauausstellung*) se tint en 1957 avec la participation d'architectes renommés, tels que Alvar Aalto et Walter Gropius. Les différentes griffes des architectes, qui s'étaient engagés à respecter un style de construction à la fois moderne et soumis à un concept commun, ainsi que la construction aérée des bâtiments avec les hautes tours et les basses maisons familiales assurant la transition avec le paysage de Tiergarten devaient exprimer les valeurs démocratiques, comme la liberté et le pluralisme. En outre, le gouvernement fédéral et le Sénat de Berlin lancèrent en mars un concours international d'idées sur le thème de "Berlin, capitale" qui ignorait de manière provocatrice la répartition en secteurs de la ville du fait qu'il prenait pour base le rétablissement de l'unité de l'Allemagne. Berlin-Est répondit en 1958 en lançant son propre appel d'offres sur concours, intitulé "concours d'idées pour la transformation socialiste du centre de la capitale de la R.D.A., Berlin" qu'un projet général du collectif Kosel, Hepp et Martens avait précédé en 1957 avec la proposition d'un couronnement de la ville sous la forme d'une haute tour pour le siège du gouvernement. Par rapport aux propositions des participants du concours qui auraient changé en partie l'image de la ville si elles avaient été suivies, la nouvelle conception du centre de Berlin(-Est) qui s'effectua lentement à partir de cette époque peut être considérée comme fort modérée. Autour de la Schloßplatz, le Staatsrat de la R.D.A. ("conseil d'Etat") fut édifié en 1962 tout comme le ministère des affaires étrangères en1963-66 (rasé en 1995) et le Palais de la république (*Palast der Republik*) en 1974-76, lequel devait abriter la chambre populaire (*Volkskammer*) et le centre public des manifestations et loisirs, marquant ainsi la volonté de changement de la R.D.A. vers une plus grande proximité avec le peuple. Le centre, longuement planifié, s'installa finalement dans la tour de la Télévision (*Fernsehturm*) de l'Alexanderplatz (1965-69). Du point de vue du style, l'architecture de Berlin-Est se rapprocha d'un langage moderne des formes et ses différences au début fort marquées par rapport à l'architecture de Berlin-Ouest s'estompèrent de plus en plus. La particularité du mode de construction en panneaux préfabriqués (*Plattenbau*) en vogue à Berlin- Est perdura toutefois, conséquence de l'industrialisation du bâtiment réclamée en 1955 lors de la première conférence d'architecture de la R.D.A. et qui fut testée en 1959 sur toute une zone résidentielle dans la Prenzlauer Allee / Ostseestraße pour la partie est de la ville et la République avec les conséquences que l'on connaît. A partir de 1960 se construisit à Berlin-Ouest le fameux Kulturforum ("forum culturel") que l'on peut considérer dans une certaine mesure comme le testament de la Guerre Froide en matière de conception urbaine et qui est fort intéressant en matière d'histoire de l'architecture, du fait que tous les grands courants architectoniques de l'après-guerre s'y retrouvent les uns à côté des autres comme dans un livre d'art. Ce forum fut construit en remplacement de l'île des Musées (*Museumsinsel*), ce regroupement de musées mondialement célèbre qui échut à la partie est de la ville lors de son partage, et fut édifié à proximité du mur sur une terre en friche où d'élégantes villas et des représentations diplomatiques s'étaient auparavant dressées, avant que le quartier ne fût démoli pour permettre la réalisation de la tangente nord-sud d'Albert Speer et ne fût finalement détruit par les bombes. Dans l'attente de la réunification future de l'Allemagne, ce quartier fut toutefois considéré comme faisant partie d'une "bande culturelle" s'étendant de part et d'autre de la limite des deux zones, au même titre que les lieux autour du château de Charlottenburg et bien entendu l'île des Musées. La concentration des édifices

Sony Center

culturels dans un endroit unique, leur disposition aérée et leur élément pittoresque .correspondaient à l'idée que Hans Scharoun se faisait en matière d'aménagement urbain, Hans Scharoun, l'initiateur du concept général plusieurs fois remanié et concepteur de deux des plus magnifiques édifices du 20ème siècle se trouvant à Berlin, la Philharmonie (1960-63) et la Bibliothèque nationale (*Staatsbibliothek*) (1966-78). La nouvelle galerie nationale (*Neue Nationalgalerie*), la seule œuvre réalisée en Allemagne par Mies van der Rohe après la guerre et le plus grand musée de la ville après le Vieux Musée de Schinkel (*Altes Museum*), fut édifiée au cours de la période située entre la construction des deux monuments de Scharoun (1965-68). La tradition de Scharoun basée sur le style du brutalisme et du structuralisme en pleine expansion après les années 1960 marqua de son empreinte les projets de Rolf Gutbrod au sujet du Kulturforum. Son musée d'arts décoratifs (*Kunstgewerbemuseum*) qui fut seulement réalisé entre 1978 et 1985 alors qu'un projet avait déjà été soumis en 1966, ne correspondait plus aux nouvelles exigences en matière de musée et connut une critique si virulente que l'architecte se vit retirer la planification de la zone par les maîtres d'œuvre – la fondation "Preußischer Kulturbesitz" – et que les autres monuments qu'il avait commencés à construire, comme la bibliothèque des beaux-arts (*Kunstbibliothek*), le cabinet d'estampes (*Kupferstichkabinett*) et le hall de communication avec la "Piazza" en avant-plan, restèrent inachevés. Entretemps, James Stirling et Michael Wilford construisirent à côté du Kulturforum le centre scientifique (*Wissenschaftszentrum*) (1984-88), véritable apothéose de l'architecture postmoderne à Berlin. Heinz Hilmer et Christoph Sattler furent chargés de construire la pinacothèque (*Gemäldegalerie*) ainsi que de terminer et de "perfectionner" les édifices de Gutbrod. Avec leur construction conservatrice de la pinacothèque, inspirée des modèles du 19ème siècle, ils changèrent en apparence de cap pour retrouver une voie plus classique, comme si le Kulturforum de Mies leur signifiait davantage que celui de Scharoun. Mais en réalité, ils enrichirent l'édifice (1988-98) d'une façon postmoderne avec des références architecturales volontairement interprétées. Nous ne pouvons qu'évoquer brièvement dans une vue d'ensemble le reste des réalisations architecturales de Berlin depuis les années 1960. Dans la partie ouest de la ville, l'établissement des nouvelles grandes cités-dortoirs, comme celles de Gropiusstadt (1962) ou du quartier de la Marche (*Märkisches Viertel*, 1963), n'avait pas amélioré la situation du logement dans les arrondissements du centre de la ville. En 1968 commencèrent les premières protestations contre la spéculation de l'immobilier, ce qui provoqua un phénomène d'occupation des maisons entre 1979 et 1984. Les nombreux scandales immobiliers à n'en plus finir contribuèrent à donner une image négative d'une ville de province subventionnée. Toutes les constructions architecturales notables de cette époque donnent l'effet d'une grande hétérogénéité stylistique, mais cette impression repose en fait sur le manque de recul temporel. L'importance du Centre International des Congrès (*Internationales Kongreßzentrum*) (1973-79) peut être comparée à celle du Centre Georges Pompidou de Paris. Moins connu, et pourtant d'une importance plus grande par la suite, le quartier résidentiel "Block 270" de Josef Paul Kleihues (1975-77) fut construit à Wedding sur la Vinetaplatz ; il s'agit là du premier bloc d'immeubles aligné construit directement en marge de la rue (*Blockrandbebauung*) à Berlin depuis la seconde guerre mondiale, exemple précoce d'une rénovation urbaine circonspecte. La saturation croissante de la ville depuis 1970 ne laissait de toute manière que peu de place pour de grandes réalisations et on s'en remettait désormais davantage aux solutions individuelles. Le genre de la "villa urbaine" remis au goût du jour suscita la créativité des architectes. Des projets imaginatifs et peu conventionnels eurent alors leur chance et il n'est pas rare qu'ils se virent réalisés à l'instar des constructions d'habitation de Hinrich et Inken Baller ou bien encore de la Schlangenbader Straße, rue surélevée au-dessus de l'autoroute (1976-

82). Les années 1980 furent placées sous le signe de l'exposition internationale d'architecture (*Internationale Bauausstellung*, IBA). Décidée en 1978 par le Sénat et prévue à l'origine pour 1984, elle se tint à l'occasion du 750ème anniversaire de la ville en 1987. Non seulement de nombreux ouvrages de construction virent le jour à cette occasion – ouvrages qui pour certains ne furent achevés que plus tard –, mais d'importantes positions théoriques auxquelles on recourut avec grâce après la chute du mur furent également formulées. La théorie du nouveau bâtiment présentée lors de l'IBA et développée sous la direction de Josef Paul Kleihues englobait les zones sud de Friedrichstadt et de Tiergarten ainsi que les quartiers de la Prager Platz et du Tegel et défendait le principe de "reconstruction critique" selon lequel des règles trouvées dans la stabilité historique de la ville, comme par exemple la construction de blocs alignés en marge des rues ou la hauteur des gouttières devraient être respectées pour donner une image uniforme à la ville, sans copier les détails décoratifs. La théorie du vieux bâtiment défendue par Hardt-Waltherr Hämers et englobant la zone concurrentielle du Kreuzberg prenait en compte avec son principe de "rénovation prudente de la ville" aussi bien les besoins des locataires que l'importance de la conservation des monuments historiques. Dans la partie est de la ville, les problèmes en matière d'habitation, c'est-à-dire avant tout la cessation des rénovations, virent seulement le jour après le tournant. On pensait pouvoir faire passer au second plan la conservation des anciens bâtiments au profit des nouveaux édifices. La ville satellite de Marzahn terminée en 1975 devait conférer d'un seul coup à plusieurs milliers de personnes un nouveau logement. La modernisation du quartier de St.-Nicolas que la R.D.A. entreprit pour fêter le 750ème anniversaire de Berlin a beau présenter l'apparence d'une exception à cette règle, mais en réalité cette rénovation n'était pas destinée aux habitants, mais aux visiteurs du Kiez. C'est au moment où le "confort" commence à s'installer que le mur tombe le 9 novembre 1989. Débute alors une phase du développement de la ville qui renouerait de bonne grâce avec le grand Berlin de l'avant- guerre si elle n'était pas confrontée aux conséquences encore visibles de la guerre et de la division ainsi qu'aux nouvelles conditions d'un monde globalisé. Suite à un débat inhabituellement passionné, le Bundestag décide le 20 juin 1991 à une faible majorité de transférer son siège de Bonn à Berlin. La conférence des représentants des groupes parlementaires (*Ältestenrat*) décide

Potsdamer Platz 1996

Ci-dessus: dôme du Reichstag (cf. pp. 14–17)

à gauche : crématorium d'Axel Schultes (cf. pp. 156, 157)

le 30 octobre de faire du Reichstag le nouveau siège du parlement. Le Bundesrat vote à son tour en 1996 le transfert de son siège à Berlin. La capitale réclame désormais à juste titre une architecture digne, satisfaisant aux plus hautes exigences. Le volume immense de construction et l'abondance des tâches à ce sujet font de Berlin la Mecque des architectes, lesquels reçoivent la chance unique de pouvoir façonner une métropole européenne au seuil du 21ème siècle. Contrairement à ses consœurs de la Seine, de la Tamise ou du Tibre qui n'ont pratiquement plus le droit d'être modifiées de manière substantielle en leur état, la ville sur la Spree semble encore autoriser des expériences architectoniques malgré ses obligations en matière de protection des monuments. Les modifications en matière de construction urbaine se concentrent dans les zones suivantes : les bâtiments du gouvernement s'établissent au niveau du "coude de la Spree" (*Spreebogen*) et dans l'arrondissement du Mitte, là où se croisent les grands axes Unter den Linden et Friedrichstraße. Le ministère de l'intérieur prend place en tant que locataire dans un nouvel édifice de Moabit. Pour des raisons financières et afin que la ville ne soit pas étouffée par un quartier gouvernemental trop fermé, des bâtiments déjà existants sont utilisés selon les possibilités pour accueillir les différents ministères. Le château de Bellevue au style baroque reste le siège du président fédéral et se voit adjoindre un édifice administratif qui s'intègre de façon tout à fait décente dans le paysage de Tiergarten. Les ambassades, quant à elles, s'installent la plupart du temps dans le quartier sud de Tiergarten entre Klingelhöferdreieck et le Kulturforum. La restauration et la modernisation de l'arrondissement du Mitte au niveau de Unter den Linden et de Friedrichstraße qui avaient déjà commencé sous la R.D.A. sont poursuivies selon les principes de la "reconstruction critique". La Pariser Platz qui se situe devant la porte de Brandebourg, l'emblème de la ville et le symbole de la réunification, retrouve enfin son ancien aspect. La Potsdamer Platz qui était avant la guerre la place la plus fréquentée d'Europe et qui ne fut plus ensuite qu'une zone limitrophe complè- tement bombardée, se pare sur son côté ouest de hauts immeubles, menant comme une sorte de porte au bloc de constructions de la société debis ainsi qu'au Sony Center. Contrairement au modèle américain des villes gratte-ciels, les hautes tours cherchent seulement à conférer un certain accent, comme le font d'une manière similaire à Berlin les deux tours d'habitation de la porte de Francfort (*Frankfurter Tor*) (1957-60) ou les tours de l'église de Gendarmenmarkt. Le mélange voulu des logements d'habitation, des immeubles de bureaux et des centres commerciaux correspond aussi à ce concept. Pour répondre aux nouvelles zones commerciales apparues à l'est dans Friedrichstraße et aux alentours de Postdamer Platz, la partie ouest dans le quartier du Bahnhof Zoo ainsi que dans Kurfürstendamm et Tauentzienstraße a vu se développer toute une série d'immeubles commerciaux et de bureaux qui, tout comme le Kranzlereck de Helmut Jahn, confèrent une impression d'étrangeté dans leur coexistence intime avec les édifices fondateurs et ceux des années 1950. Mis à part dans les zones centrales précitées, c'est-à-dire celles se trouvant aux alentours de Tiergarten, de nouveaux édifices et quartiers apparaissent pratiquement dans tous les coins et limites de la ville. On évoquera ici principalement les „Wasserstädte" (villes d'eau) sur le lac de Spandau (*Spandauer See*) ou dans la baie de Rummelsbourg qui préviennent l'engorgement de la périphérie et permettent notamment aux familles ayant des enfants de vivre près de la nature. Les gigantesques projets de construction prévus pour cette décennie et la suivante poursuivront la reconstruction de la ville et y mettront un terme provisoire. Les bâtiments importants d'infrastructure comme la gare centrale (gare de Lehrte) sont achever. La Potsdamer Platz est encore loin d'être définitivement reconstruite. De profondes fosses vont prochainement s'ouvrir de part et d'autre de Leipziger Platz et d'Alexanderplatz. Mais le plus grand projet en cours concerne vraisemblablement la restauration des édifices historiques de l'île des Musées, conformément aux règles en matière de protection des monuments historiques, ainsi que leur interconnexion via un hall moderne créé par l'architecte britannique David Chipperfield. Comme nulle part ailleurs les styles les plus différents sont testés en ce moment sur l'architecture de Berlin et contribuent à la diversité de la métropole. L'éclectisme postmoderne a donc joué son rôle à cet égard. Le ton est donné par des tendances néoclassiques et déconstructives, mais des solutions techniquement innovatrices peuvent également être observées, comme dans le domaine de la construction écologique par exemple. Le principe de la „reconstruction critique" défendu par Josef Paul Kleihues domine largement le plan de reconstruction de la ville et a grandement contribué à ce que la ville dispose de ce que l'on pourrait appeler un style local, style que l'on doit bien sûr tout d'abord apprendre à discerner du reste des autres styles existants. Le type de construction obligatoire des „blocs d'édifices alignés sur les rues" qui interdit à ce qu'un bâtiment se détache des autres, favorise ainsi par exemple les particularités des „édifices d'angle" (*Eckgebäude*) tout à fait typiques de Berlin, qui sont arrondis ou dotés d'une tour et dans lesquels se trouve souvent l'entrée. La maison Mosse (*Mosse-Haus*) d'Erich Mendelsohn (1921-23) a été un modèle du genre. Les réalisations des meilleurs architectes ne se laissent pas facilement classifier dans un style bien précis, du fait qu'elles absorbent en elles différentes traditions et donnent l'effet de créer un style qui leur est propre. Les architectes comme Axel Schultes, Daniel Libeskind ou Helmut Jahn possèdent un style personnel qui ne s'apprécie que si on regarde l'ensemble de l'œuvre de ces artistes et non seulement leurs créations berlinoises. Cependant, les différentes positions des architectes produisent souvent des résultats similaires. Ce que l'on remarque souvent en premier dans l'architecture de Berlin, ce sont ses qualités mimétiques, exprimées par le nombre impressionnant de sobriquets gentils et pas toujours forcément ironiques donnés aux différentes constructions, tels que „citron", „tatou", „amibe", „serpent", etc. Dans le sens

Leipziger Platz, mai 2006

Vue du Kulturforum en direction de la Potsdamer Platz

d'une architecture "parlante", la façade raconte de temps en temps la fonction de l'édifice, comme le font la centrale des exploitations des eaux berlinoises ou bien Peek & Cloppenburg. Qu'il y ait là encore des précurseurs comme la fabrique de chapeaux d'Erich Mendelsohn à Luckenwalde (1921-23) ou bien plus récemment la Bibliothèque nationale de France de Dominique Perrault (1989-97), ne change rien au fait que l'architecture de Berlin aime à illustrer ses réalisations. Cette caractéristique trouve son point d'orgue dans la conception politiquement symbolique du dôme du Reichstag que le peuple élève au-dessus du Parlement ainsi que notamment dans le "ruban de la fédération" (*Band des Bundes*) qui réunit l'est et l'ouest. A côté de cet intérêt pour l' "illustration", on remarque aussi souvent une affinité avec la sculpture. Ainsi, les constructions de Berlin ne pourraient pas être plus hétérogènes les unes par rapport aux autres, du fait des éléments plastiques et sculpturaux qui les caractérisent. On a pu comparer la "forme en éclair" du musée juif de Libeskind avec la statue des "martyres de mars" (*Märzgefallenen*) de Walter Gropius (1920) et la construction futuriste du dôme au-dessus du Sony Center rappelle de loin le projet de statue de la troisième internationale de Wladimir Tatlin (1919-20). Axel Schultes se révèle dans ses grandes-formes sculpturales comme un Michel-Ange moderne et Frank O. Gehry arrive à conférer comme par enchantement aux œuvres architecturales un effet plastique inouï grâce à ses programmes informatiques spéciaux. Du reste, l'architecture s'ouvre aujourd'hui aux autres arts, la poésie et la philosophie, bien qu'elle reste en réalité discrète quand on compare ses réalisations à celles des autres arts. Les grands ingénieurs français du bâtiment comme Jean Nouvel avec son architecture en verre et en lumière qu'il a pu justement réaliser à Berlin avec la construction d'un centre commercial, ou bien encore comme Dominique Perrault, dont les constructions sportives prévues pour les jeux olympiques de Berlin (qui n'y eurent finalement pas lieu) livrent des exemples d'une architecture invisible, vont dans ce sens. "L'architecture high- tech" des Britanniques Foster, Grimshaw et Wilford, qui se réclame du modèle offert par le Centre Pompidou, révèle la vie intérieure constructive des édifices et les font apparaître comme des machines intelligentes peuplées par les humains, tout comme les fourmis peuplent les fourmilières. Enfin, l'architecture de Berlin ne se caractérise pas par sa volonté de réconcilier le passé et le présent. Toute nouvelle construction n'est considérée comme réussie que si elle prend en compte les constructions plus anciennes ou celles qui ont été éventuellement abandonnées à son profit et si elle ne détruit pas leur aura. Le respect de la situation spécifique d'un lieu suppose aussi pour nombre d'architectes comme Kleihues une connaissance historique intime du quartier et de ses habitants. Une architecture de "genius loci" se révèle même possible pour les nouvelles constructions qui, à l'instar de l'édifice de Libeskind, font certes l'effet d'un corps étranger au milieu de leur environnement mais qui paraissent, de par leur aspect extérieur, dérivés d'une topographie de la ville documentée dans ses destins exemplaires.

Bâtiment du Reichstag
Bundestag allemand
(Scheidemannstraße / Ebertstraße)
Architectes : restauration : Sir Norman Foster & Partners, Londres / Berlin
Restauration et transformation de 1994 à 1999

Le bâtiment du Reichstag, construit entre 1884 et 1894, est l'un des exemples les plus imposants de l'architecture wilhelmienne. Avec ses137 m de longueur et ses 97 m de largeur, le formidable édifice de l'architecte Paul Wallot devait concrétiser la grandeur et la force du Reich allemand rétabli en 1871 à Versailles. Fortement endommagé pendant la seconde guerre mondiale, les restes du dôme sont détruits en 1954. A partir de 1961, la dépendance du Bundestag et un musée y sont installés. Après la résolution du Bundestag de se transférer à Berlin, décision est prise le 20 octobre 1991 d'utiliser l'édifice du Reichstag comme siège du Parlement. En 1993, l'architecte anglais Sir Norman Foster est chargé de procéder aux travaux de transformation du Bundestag. Pour ce faire, il détruit tous les éléments de construction postérieurs afin de retrouver la substance restante de la construction néo-baroque. Toutefois, les travaux révèlent des inscriptions russes remontant pour certaines jusqu'à 1945, si bien qu'on décida de les conserver et de les laisser visibles. En outre, le Bundestag décide en 1995, après d'intenses discussions et à l'encontre du projet originel de Foster – lequel avait tout d'abord prévu un toit en forme de dais au-dessus de l'édifice –, de faire reconstruire le dôme, sous une forme cependant plus réduite et plus moderne. Le désormais célèbre dôme de verre accessible au public avec plate-forme panoramique se situe directement au-dessus de la salle plénière. Son intéressante conception de lumière par jeu de miroirs fascine tout particulièrement.

Sir Norman Foster

... avait déjà reçu de nombreuses distinctions, comme par exemple la Royal Gold Medal for Architecture (1982) ou l'élévation au rang de la noblesse (1990), lorsqu'il fut rendu célèbre en Allemagne par la restauration et la transformation du Reichstag (1994-99). Le maître de l'architecture high-tech, toujours en quête d'innovations et connu pour son intelligente combinaison de la technique et de la fonction, est né en 1935 à Manchester et a fait ses études à l'université de Manchester ainsi qu'à celle de Yale à New Haven. Il possède des bureaux à Londres, Hongkong, Tokyo, Francfort-sur-le-Main et Berlin dans lesquels travaillent plusieurs centaines de personnes. Ses plus célèbres réalisations peuvent être qualifiées d'élégantes et de grandioses : la banque de Hongkong et de Shanghaï à Hongkong, haute de quelques 180 m (1986) – l'édifice le plus cher de l'époque contemporaine – ou bien encore le siège de la Commerzbank à Francfort-sur-le-Main avec ses 258 m (1997) – la construction la plus haute d'Europe. Et avec le nouvel aéroport d'Hongkong et d'autres projets de gratte-ciels à Tokyo, l'architecte a encore quelques œuvres gigantesques de plus à réaliser.

"Ruban de la fédération" (*Band des Bundes*)

Le "ruban de la fédération", qui s'étend au nord du Reichstag, est le plus grand projet de construction urbaine du gouvernment. Du Kanzlerpark à l'ouest ("parc du chancelier") en passant par la chancellerie pour arriver aux bureaux des députés sis dans les blocs de bâtiments "Alsen- et Luisenblock" (Paul-Löbe-Haus et Marie-Elisabeth-Lüders-Haus), cette partie de Berlin relie symboliquement les parties est et ouest de la ville séparées entre 1961 et 1989. Directement au nord du "ruban" on verra se construire jusqu'en 2008 la gare de Lehrte, destinée à être la gare centrale de Berlin ainsi que la plus grande gare carrefour d'Europe pour les lignes ICE du trafic nord-sud et est-ouest.

Carte du "ruban de la fédération"

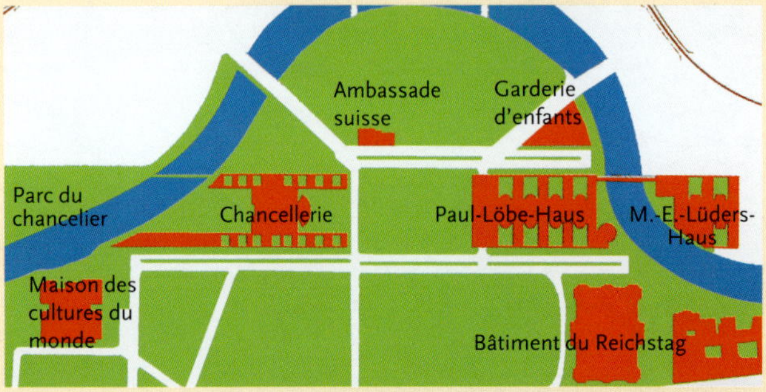

Chancellerie (*Bundeskanzleramt*)

(Willy-Brandt-Straße)
Architectes : Axel Schultes, Charlotte Frank, Berlin
1997-2001

La chancellerie, une architecture colossale et expressive qui institue de nouvelles normes, est étroitement reliée en termes d'architecture au Paul-Löbe-Haus et au Marie- Elisabeth-Lüders-Haus ainsi qu'à l'édifice du Reichstag. Elle se compose d'une construction principale de 40 m de hauteur, flanquée sur ses côtés de hautes ailes de 22 mètres de haut abritant les bureaux administratifs. Ces ailes en forme de peigne bordent à l'est une cour d'honneur. A l'ouest, de l'autre côté de la Spree, le Kanzlergarten ("jardin du chancelier"), conçu selon les plans de Cornelia Müller et de Jan Wehberg, se rattache à la chancellerie via un pont.

Axel Schultes

L'architecte de la chancellerie et le vainqueur du concours d'aménagement urbain "Spreebogen" (1993) est devenu célèbre pour ses impressionnantes constructions de musées, comme le Kunsthalle Schirn à Francfort (1982 avec d'autres architectes) et le musée d'art de Bonn (Kunstmuseum) (1992). La liste des œuvres de cet architecte né en 1943 n'est guère plus longue. Ses projets toujours synonymes de colossal vivent des effets de la lumière naturelle du jour. Un exemple caractéristique en est le crématorium dans l'arrondissement de Treptow à Berlin (cf. pp. 156, 157).

ci-dessus : la chancellerie

Paul-Löbe-Haus
(Paul-Löbe-Allee)
Architecte : Stephan Braunfels, Munich/Berlin
1997-2000

Ce bâtiment de 200 mètres de long, de 100 mètres de large, de 22 mètres de hauteur et de huit étages est étroitement relié en termes d'architecture à la chancellerie et forme avec le Marie-Elisabeth- Lüders-Haus situé sur l'autre côté de la Spree une unité conceptuelle et fonctionnelle. Ici sont rassemblés les quelques 900 bureaux des députés du Bundestag et des secrétariats de comité, les salles d'audience, les locaux des relations publiques, la grande salle de réunion du comité de l'Europe ainsi qu'un restaurant avec vue sur la Spree. La façade principale tournée en direction de la chancellerie est tout simplement imposante – dans son aspect tout à la fois monumental et en filigrane – avec son immense avant-toit supporté par seulement quatre piliers d'une épaisseur anorexique. L'énorme façade vitrée qui dévoile l'intérieur de l'édifice – particulièrement le hall central en verre de bout en bout –, ainsi que le toit "flottant" transmettent une sensation de légèreté et de transparence. La conception en forme de peigne de la structure du bâtiment est tout à fait particulière, les locaux

étant groupés de par leur forme en U autour de “cours extérieures”. Braunfels rythme ainsi l’impression de cloisonnement que dégage le bâtiment. En outre, de par le caractère fermé de l’édifice, il rappelle la structure de la chancellerie et poursuit ainsi visiblement l’idée de base d’Axel Schultes du “ruban de la fédération”. Les constructions parlementaires sont souterraines et reliées les unes aux autres par un système de tunnels. Le bâtiment porte le nom de Paul Löbe, homme politique social-démocrate et dernier président du Reichstag jusqu’en 1933

Marie-Elisabeth-Lüders-Haus
(Schiffbauerdamm)
Architecte : Stephan Braunfels, Munich / Berlin
1998-2001

Le Marie-Elisabeth-Lüders-Haus se situe sur la rive est de la Spree et fait pendant au Paul-Löbe-Haus. Les deux constructions sont reliées l'une avec l'autre via un pont piétonnier qui enjambe la Spree. Le bâtiment de forme circulaire bordant la Spree abrite la bibliothèque du Parlement. En outre, on y trouve également les archives parlementaires, des bureaux ainsi que la salle centrale des audiences.

Ambassade suisse
(Otto-von-Bismarck-Allee 4)
Architectes : Diener & Diener, Bâle
1999-2000

Les architectes Diener & Diener ont prolongé le bâtiment existant de l'ambassade par un simple cube. Celui-ci reprend les proportions de l'ancienne construction édifiée en 1870 par Hitzig et prolongée en 1910 par Paul Baumgarten.

***Stephan Braunfels**, né en 1950 à Überlingen près du lac de Constance, a grandi à Aix-la-Chapelle avant d'étudier de 1970 à 1975 à l'université technique de Munich. La nouvelle star des architectes allemands a été peu demandée dans les années 1970 et 1980 ce qui ne l'a pas empêché de gagner en 1992 et en 1994 deux concours importants, le concours pour la pinacothèque des arts modernes* (Pinakothek der Moderne) *de Munich et le concours international de conception des maisons des députés du Bundestag (Paul-Löbe-Haus et Marie-Elisabeth-Lüders-Haus) de Berlin. Braunfels est issu d'une famille d'artiste. Son arrière grand-père était le célèbre sculpteur Adolph von Hildebrand, son grand-père, le compositeur Walter Braunfels, et son père, Wolfgang, un historien d'art renommé.*

Garderie d'enfants
(Otto-von-Bismarck-Allee 2)
Architectes : Gustav Peichl & Partner, Vienne
1998-99

Pour les enfants des députés et des employés du Bundestag, une garderie d'enfants d'une capacité de 176 places a été érigée dans le quartier gouvernemental. La construction à un étage s'élève sur une structure triangulaire. Les enfants peuvent jouer dans les deux cours intérieures et sur le toit verdoyant. Les constructions en forme de boule et de tente sont des pièces de repos.

Jakob-Kaiser-Haus
(Dorotheenstraße/Wilhelmstraße/Ebertstraße)
Architectes: Busmann & Haberer, Cologne; DeArchitekten Cie, Amsterdam; gmp (vonGerkan, Marg & Partner), Hambourg ; Thomas van den Valentyn, Cologne (Planungsgesellschaft Dorotheenblöcke PGD, Berlin)
1996–2002

A proximité directe du Reichstag se situe le Jakob-Kaiser-Haus occupant presque deux grands blocs de bâtiments et abritant huit cours intérieures. C'est le siège du service administratif du Bundestag, bureaux des fractions et des parlementaires. 2.000 locaux prennent place sur environ 45.000 mètres carrés, selon les plans de divers architectes qui se sont regroupés pour préparer en commun la conception de l'édifice. A cet effet, l'ancienne structure parcellaire ainsi que les trois vieux bâtiments classés monuments historiques ont été plus que largement conservés, à savoir la Société Parlementaire (*Parlamentarische Gesellschaft*) (Ebertstraße 30/31) de Paul Wallot (1897-1904) en face du Reichstag, les constructions de la Dorotheenstraße 105 (1853-57 / 1910-11) ainsi que l'ancienne „Chambre des techniques" (*Kammer der Technik*) (1912-14) dans Ebertstraße. Ainsi sont apparus huit blocs de construction de conception individuelle, et ce, malgré leur unité fonctionnelle. Du fait que la hauteur historique des gouttières a été respectée, les nouvelles constructions se rattachent au mode de construction traditionnel de la vieille ville. Les maisons sont reliées entre elles ainsi qu'avec le Reichstag par un système de tunnels.

Edifice des conférences fédérales de presse (*Bundes-Pressekonferenz*)
(Schiffbauerdamm 35-39/Reinhardtstraße)
Architectes : Johanne & Gernot Nalbach, Berlin
1998-2000

Le bâtiment revêtu de basalte volcanique occupe l'ensemble de la superficie. La grande salle d'audience des conférences de presse se détache de la façade tournée en direction de la Spree par son encorbellement à l'étage. La structure abrite le club de presse du gouvernement fédéral, les agences, les équipes de télévision ainsi qu'environ 600 journalistes et correspondants.

Gare de Lehrte (*Lehrter Bahnhof*)
(Invalidenstraße)
Architectes : gmp von Gerkan, Marg & Partner, Hambourg
1996 – vers 2004

Au nord de la chancellerie se dressera d'ici 2008 la gare de Lehrte qui sera la gare centrale de Berlin et le plus grand carrefour ferroviaire d'Europe avec des lignes rapides (ICE) assurant les liaisons nord-sud et est-ouest.

Ministère fédéral de l'intérieur
(Bundesministerium des Innern)
(Alt-Moabit 98-101)
Architecte : Kühn Bergander Bley, Berlin
1992-94

Le ministère fédéral de l'Intérieur borde la Spree et domine avec ses tours de treize étages l'ensemble de l'image de la rive du fleuve (cf. photo p. 24). Les tours construites comme des cylindres de verre constituent les extrémités des côtés des bureaux en forme de U. La partie principale de la construction est revêtue de granit dans laquelle de hautes fenêtres rectangulaires s'encastrent avec précision pour former une unité parfaite avec la façade. En formant une bande, ce motif se poursuit également sur les neuvième, dixième et onzième étages des "tours du Spreebogen", lesquelles reçoivent ainsi une structure bien définie. La nouvelle construction de bureaux est achevée depuis 1996 déjà et est louée pour 30 ans par le Ministère fédéral de l'Intérieur pour quelques 900 places de travail. Cela correspond à environ trois-cinquièmes de la superficie des bureaux.

La construction du Ministère de l'Intérieur est encadrée à l'ouest par l'ancienne métairie Bolle (*Bolle Meierei*) et le Focus Teleport et à l'est par le nouveau bâtiment du tribunal cantonal de Moabit (*Amtsgericht*).

DER SPREE-BOGEN
Bogen
Alt-Moabit 101

ci-dessus :
Bolle Meierei / Hôtel Sorat (à gauche) et Ministère de l'Intérieur (à droite)

Bolle Meierei (ancienne métairie) / Hôtel Sorat
(Alt-Moabit 98-104)
Architecte : Wolf-Rüdiger Borchardt, Berlin 1993-95

La métairie Bolle est un monument industriel de 1890 qui a été transformé en restaurant, hôtel et boutiques. La prolongation de cet ensemble en direction de la Spree offre un groupement de bâtiments en brique fort variés présentant des constructions en acier et en verre.

Focus Teleport
(Alt-Moabit) 91-96
Architectes : Ganz & Rolfes, Berlin 1988-92

En lieu et place des moulins à céréales de la société Kampffmeyer rasés dans les années 1980, se dressent les nouveaux édifices du "Gründerzentrum" (centre des créateurs) devant servir de lieu d'implantation pour des sociétés de technologie. Le principal motif d'architecture est le carré. Il forme la trame générale de la structure, aussi bien à l'extérieur, sur les murs et les fenêtres, que dans les proportions des pièces intérieures. Les structures bleues en acier sont ainsi relevées par la forme carrée des éléments de construction en terre cuite et de ceux des fenêtres.

ci-dessous :
Focus Teleport

Bureaux de la présidence fédérale (*Bundespräsidialamt*)
(Spreeweg 1)
Architectes : Martin Gruber + Helmut Kleine-Kraneburg, Francfort-sur-le-Main / Berlin
1996-98

Les bâtiments administratifs de la présidence fédérale prévus pour accueillir 150 postes de travail et situés dans le voisinage immédiat du château de Bellevue font partie des nouvelles constructions les plus remarquables de Berlin. La structure à quatre étages suivant un tracé en ellipse s'intègre harmonieusement au paysage du Tiergarten. Les fenêtres s'encadrent avec précision dans la façade pour former une unité parfaite et constituent ainsi avec le revêtement de granit noir poli une surface unie réfléchissante. Les dimensions de l'édifice, avec ses 82 mètres de longueur et ses 41 mètres de largeur, correspondent à celles de la cour de Bellevue. Dans la cour intérieure, en forme d'ellipse, recouverte d'un toit s'élève une longue construction à laquelle on accède grâce à des ponts et qui abrite la bibliothèque ainsi que diverses salles annexes. Les cellules solaires du toit fournissent environ 50 % du besoin d'énergie des bureaux.

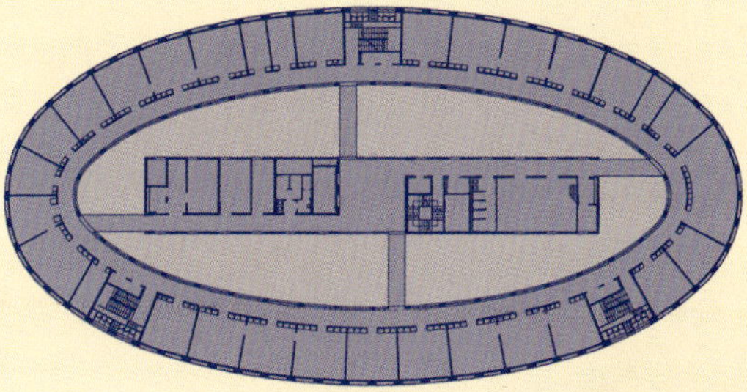

Logements pour les employés fédéraux
(Paulstraße)
Architectes : Georg Bumiller, Berlin ("Serpent") ; Jörg Pampe, Berlin (édifice de tête) ; Urs Müller, Thomas Rhode & Jörg Wandert ("Atriumhäuser"
1997-99

Ce quartier résidentiel est le plus grand projet fédé de construction de logements dans le centre-ville d Berlin. Le bâtiment principal en brique de 300 mèt de long, construit d'après les plans de Bumiller, pr la forme d'un serpent sinueux (le "Serpent" ou *Schlange*). Cet ensemble a été prolongé dans la pa nord de la zone par 718 logements supplémen- tai rassemblés dans quatre blocs d'habitation formar une cour intérieure (*Atriumhäuser*), construits par Müller, Rhode & Wandert ; vers l'ouest, il se prolor par une construction en brique vernissée de 1934 cien bâtiment administratif de la Reichsbahn trans mé en école), une nouvelle salle omni-sports et ur maternelle.

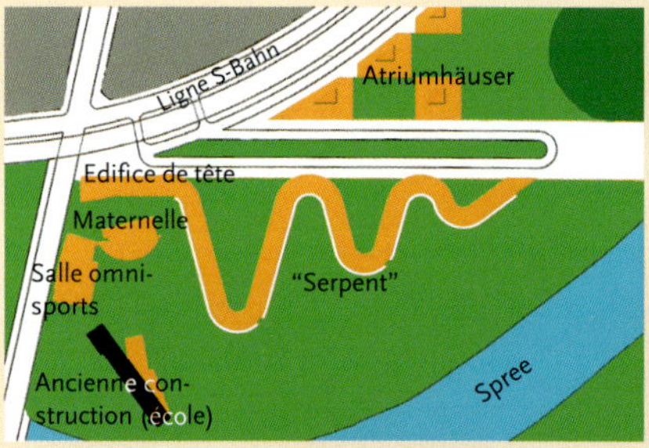

en haut : "Atriumhäuser" (résidences avec cour intérieure)

à gauche : premier bâtiment du "serpent" de Jörg Pampe avec quatre étages de magasins et de bureaux en bas et quatre étages d'habitation en haut

à droite : détail du bâtiment principal et de la maternelle de GKK & Partner, Berlin

en bas à gauche et à droite : salle omni-sports de GKK & Partner, Berlin

Le "Serpent", cet ensemble sinueux de constructions comprenant 440 logements (dont près de la moitié sont des appartements d'une pièce), ferait une longueur totale d'un demi-kilomètre si on le dépliait. Grâce à sa construction tout en courbe, le complexe ne s'étale "que" sur 300 mètres.

Le carré de Kronprinzen (en haut à gauche)
Reinhardtstraße 48–52/Unterbaumstraße 4–6
Architectes: Sergei Tchoban, nps tchoban voss Architekten BDA, Berlin, 2003

A proximité directe du quartier du gouvernement, juste à côté de la ligne du réseau ferroviaire express (S-Bahn), ce complexe d'édifices fascine les passants, notamment grâce à sa façade concave insonorisée et calorifuge. Elle diminue le bruit des trains et procure une température agréable à chaque saison.

Immeuble de bureaux (en bas à gauche)
(Reinhardtstraße 39/Luisenstraße 42)
Architectes : Eller + Eller,
Berlin / Düsseldorf
1994-95

Le bâtiment d'angle tout en verre est doté d'une construction en acier destinée à le protéger du soleil et dirigée vers la rue. L'avant-toit en terrasse souligne aussi le caractère métallique du bâtiment.

Immeuble d'habitation et de commerces
(ci-dessous)
(Ecke Reinhardtstraße/Luisenstraße)
Architecte : Walter A. Noebel, Berlin, 1998-99

Hôpital la Charité : Institut Max Planck de biologie infectieuse
Schumannstraße 20-21
Architectes : H. Deubze/J. König, Berlin
1997-99

Cette construction en brique vernissée est fort spacieuse avec son imposant hall d'entrée qui, de par le choix de ses matériaux, se rattache à l'architecture de la Charité.

Luisen Carree
(Robert-Koch-Platz 4/Hannoversche Straße 19-22/ Philippstraße 14)
Architecte : Stefan Ludes, Berlin
1996-98

Les nouveaux édifices du Luisen Carree s'intègrent parfaitement bien dans l'architecture historique de la ville. Les angles arrondis des bâtiments forment un ensemble tout à fait reconnaissable. Le Luisen Carree se compose d'un grand immeuble de bureaux et de commerces qui s'étend de Robert-Koch-Platz jusqu'à Hannoverschen Straße ainsi que d'un immeuble d'habitation à sept étages dans Hannoverschen Straße.

Neues Tor
(Platz vor dem Neuen Tor)
Architecte : Josef Paul Kleihues, Berlin
1993

Les deux "portes" en forme de cube rappellent dans une conception plus moderne les maisons des douanes (*Zollhäuser*) réalisées par Schinkel en 1830-40 et rasées après la seconde guerre mondiale, qui caractérisaient l'une des entrées du vieux Berlin.

Ministère fédéral de l'éducation et de la recherche
(Hannoversche Straße 30)
Architectes : construction : Jochem Jourdan & Müller, Francfort-sur-le-Main
1999-2000

Le bâtiment date du 19ème siècle et a été transformé en 1949 par Hans Scharoun qui en fit l'Institut du Bâtiment (*Institut für Bauwesen*). C'est ici que résida de 1971 à 1990 la délégation permanente de la R.F.A. en R.D.A. L'extension de l'édifice se distingue, de par ses couleurs et ses encorbellements, de l'ancienne construction dont il a conservé la répartition des étages et la hauteur des gouttières.

Ministère fédéral de l'éducation et de la recherche

Académie catholique (*Katholische Akademie*) et Conférence des évêques allemands (*Deutsche Bischofskonferenz*)
(Hannoversche Straße 5 / Chausseestraße 128-129)
Architectes : Höger Hare Architekten, Berlin ; RKW Rhode, Kellermann Wawrowsky & Partner, Berlin
1998-2000

Le complexe se compose d'une construction donnant sur la rue et dotée de larges baies de fenêtres alignées en rythme et faisant parfois l'angle de l'édifice. On accède, via une cour, au bâtiment jaune des invités et de l'administration, avec hapelle sur le côté.

Académie catholique avec bâtiment des invités et chapelle (photo en bas à droite) et constructions de la Conférence des évêques allemands côté rue (photo en bas à gauche)

Ministère fédéral des transports, des constructions et du logement
(photo p.35 en bas)
(Invalidenstraße 44)
Architecte : extension : Max Dudler
1997-99

Le ministère fédéral des transports, des constructions et du logement se situe dans l'ancien office régional de géologie d'August Tiede (*Geologische Landesanstalt*, à partir de 1875) et dans un tout nouveau bâtiment en pierre naturelle construit par Max Dudler et situé juste à côté. Ces nouveaux bureaux uniformes, hauts de six étages, dont la forme cubique suit un schéma carré disposent d'une cour intérieure et s'alignent sur les proportions de l'ancien édifice. On a renoncé à toute sorte de fioritures et d'ornements. L'architecture de Dudler, né en 1949 en Suisse, se caractérise constamment par des formes simples, des lignes claires et des cubes aux arêtes prononcées. Ce style se retrouve dans les autres constructions qu'il a réalisées à Berlin, comme les édifices de la Behrenstraße et de Gendarmenmarkt ou bien encore l'école primaire, le collège et le lycée de Hohenschönhausen.

Ministère fédéral des transports, des constructions et du logement

Tour d'observation du centre de documentation sur le mur de Berlin
(Bernauer Straße 111)
Architecte: Peter Hapke, Zerr/Hapke/Nieländer, Berlin
2004

La tour d'observation du lieu commémoratif du mur de Berlin se distingue par sa cage d'ascenseur en tôle et en acier. Sa façade en tissu d'acier spécial entoure l'escalier et rappelle l'architecture du bâtiment d'exposition.

Ministère fédéral de l'économie et des technologies, extension
(Invalidenstraße/Scharnhorststraße 36/37)
Architectes : Thomas Baumann & Dieter Schnittger, Berlin
1997-99

Le ministère s'est installé dans l'ancienne Kaiser-Wilhelm-Akademie au style néobaroque (construite en 1905-10 par Cremer & Wolffenstein) et dans l'Invalidenhaus (1746-48) d'Isaak Jacob Petri. L'extension qui se présente sous la forme d'un bloc en U a été construite entre 1997 et 1999 pour accueillir 400 employés et se dresse le long du canal navigable de l'arrondissement de Spandau. On peut voir sur le toit une grande installation photovoltaïque.

Chapelle de la réconciliation (*Kapelle der Versöhnung*)
(Bernauer Straße 4, Berlin-Mitte)
Architectes : Reitermann / Sassenroth, Berlin 1999-2001

La chapelle ovale s'élève à l'endroit où se tenait l'église évangélique de la réconciliation de 1894, qui se trouvait sur la “ligne morte” du mur de Berlin et qui fut démolie en 1985. Pour accéder à la pièce communautaire maçonnée en torchis avec une tribune d'orgue et un éclairage unique venant d'en haut, on emprunte un passage dont la paroi en lamelles de bois forme la façade. Dans la partie arrière du passage, on peut voir à travers une ouverture pratiquée dans le sol les fondations de l'édifice précédent. Ses cloches sont accrochées dans une charpente de clocher séparée, située dans la Bernauer Straße.

Studio ARD de la capitale
Wilhelmstraße 67a/Reichstagufer 7/8
Architectes : Laurids Ortner & Manfred Ortner, Wien/Berlin , 1996-98

Depuis 1999, ARD utilise le nouveau studio de radio et de télévision de la capitale (*Hauptstadtstudio für Rundfunk und Fernsehen*).
L'édifice tout en longueur suit avec sa forme courbe sur Reichtagsufer le cours de la Spree. Le bâtiment revêtu de pierres de béton rouge renoue avec les édifices historiques voisins en brique. Les fenêtres s'encadrent en arrière- plan du revêtement de l'édifice et forment ainsi une sorte de seconde façade – un détail de conception fort raffiné qui relève la plasticité du bâtiment.

Service de presse et d'information du gouvernement fédéral allemand
Dorotheenstraße/Reichstagufer/Neustädtische Kirchstraße
Architectes : KSP Engel und Zimmermann, Berlin, 1996-2000

Le service de presse du gouvernement fédéral loge dans plusieurs anciennes constructions historiques, dans des bâtiments de la R.D.A. ainsi que dans de nouveaux édifices (15 % pour ces derniers). Face à la Spree et à la gare de Friedrichstraße se dresse l'imposante façade de bureaux tout en verre, longue de 120 mètres, qui domine l'entrée et relie toutes les parties du service de presse les unes aux autres.

Musée allemand d'histoire
Hinter dem Gießhaus/
Unter den Linden
Architectes : Ieoh Ming Pei, New York;
Eller + Eller, Berlin/Düsseldorf
1998–2003

Le bâtiment annexe construit par le célèbre architecte sino-américain Ieoh Ming Pei se suite au nord de l'arsenal baroque auquel il est relié via un passage souterrain. L'architecture joue de manière ostensible avec les contrastes – parties fermées et transparentes – pour donner un sentiment d'impénetrabilité. La zone d'exposition pratiquement dénuée de fenêtres et située sur une surface triangulaire se compose de quatre étages et comporte des salles de conception différente destinées à accueillir des expositions temporaires. La façade claire en pierre naturelle sépare cette zone du hall d'entrée

et de la cage d'escalier. Seuls une fenêtre arquée, une terrasse sur le toit et un encorbellement en verre rompent avec le caractère fermé de cette partie massive de l'édifice. Offrant un vif contraste avec la zone d'exposition, la partie qui donne sur l'arsenal est dotée d'un hall convexe en verre dans lequel on peut voir un spectaculaire escalier transparent en colimaçon.

DomAquarée
(Karl-Liebknecht-Straße 5)
Architectes: Sergei Tchoban, nps tchoban voss Architekten BDA, Berlin, 2001–2004

Ce grand bloc d'édifices qui abrite un passage couvert se situe en face de la cathédrale de Berlin, sur l'autre rive de la Spree. L'attraction principale du complexe se trouve sans nul doute dans l'atrium couvert de l'hôtel : un aquarium de 25 mètres de hauteur et de 10,5 mètres de diamètre à travers lequel on accède à une plate-forme d'observation grâce à un ascenseur.

Immeuble de bureaux, de commerces et d'habitation
(Hackescher Markt 2-3, photo de gauche en bas).
Architectes : Grüntuch und Ernst Architekten, Berlin 1999-2000

Office de promotion cinématographique, (*Filmförderungsanstalt*) (Große Präsidentenstraße 9, photo de droite en bas). Architectes : Frank Hüpperling / Stephan Vieweger, Berlin 1999-2000

Monument commémoratif de l'holocauste
(Ebertstraße/Behrenstraße/Cora-Berliner-Straße/Hannah-Arendt-Straße)
Architecte: Peter Eisenman, New York
2001–05

Ce monument fort discuté qui se suite sur un terrain de 19000 mètres carrés dans le centre de Berlin (directement au sud de la Pariser Platz) est formé d'environ 2700 stèles de différentes hauteurs. Il vise à rappeler le massacre de six millions de Juifs pendant le troisème Reich. Les stèles sont complétées par une quarantaine d'arbres plantés tout au long de l'Ebertstraße et qui mèment à Tiergarten. On peut voir dans la "zone d'information" souterraine une exposition conçue par Dagmar von Wilcken (Berlin).

Pariser Platz

La place aménagée en 1732-34 reçut son nom définitif après la conquête alliée de Paris en 1814. Car en 1806, suite à la défaite de la Prusse, Napoléon avait ordonné de ramener à Paris le Quadrige qui surmonte la porte de Brandebourg (*Brandenburger Tor*). Celui-ci fut rapatrié à Berlin en 1814 au cours d'une marche triomphale. Le monument le plus connu et le plus marquant de la Pariser Platz est sans nul doute la porte de Brandebourg, l'emblème de Berlin. Autrefois marque de l'extrémité ouest du grand boulevard Unter den Linden où elle attirait les regards, la porte symbolise de 1961 à 1989 le partage de la ville. Depuis la chute du mur le 9 novembre 1989, le monument se veut le symbole de l'Allemagne réunifiée. Du point de vue de l'histoire de l'art, il s'agit de l'un des édifices en forme de porte les plus anciens et les plus importants du classicisme, exécuté selon les plans de Carl Gotthard Langhans en 1789-91 et achevé en 1793 par J. G. Schadows avec l'ajout du Quadrige de 6 mètres de haut composé de la déesse de la victoire et de son char. En 1867/68, J. H. Strack réalise une nouvelle conception de l'aménagement de la place suite à la démolition du mur des douanes. La reconstruction de la place après les dommages causés par la seconde guerre mondiale a lieu en 1956/57. Quant aux constructions restantes trop endommagées par la guerre, elles sont tout simplement détruites. La porte de Brandebourg devient alors la frontière entre Berlin-Est et Berlin-Ouest et la Pariser Platz fait fonction de poste de frontière de la R.D.A. devant le "mur de Berlin", lequel est érigé en 1961 et tombe en 1989 suite au grand tournant. En 1990, les premières initiatives pour la reconstruction et le réaménagement de la place sont prises. En 1993, le Sénat de Berlin décide de redonner à la Pariser Platz ses anciennes proportions. Le but est de retrouver autant que possible l'ancienne structure de la place ainsi que l'usage qui en était fait avant la guerre. L'hôtel Adlon, l'Académie des Beaux-Arts (*Akademie der Künste*) et les ambassades américaine et française y ont retrouvé leurs adresses d'avant-guerre. Le règlement de 1993 et 1996 en matière de reconstruction et de réaménagement de la place prescrit que les façades des bâtiments doivent être tracées selon un schéma en trois parties et construites en pierre naturelle mate et que la proportion des ouvertures par rapport à leur superficie ne doit pas dépasser 49 %. En outre, des règles sont également prescrites en matière de hauteur des édifices. Les superficies en verre doivent être évitées au profit des façades traditionnelles à fenêtres. Une exception à cette règle a cependant été accordée au gigantesque projet de Günter Behnisch qui prévoyait une façade en verre pour l'Académie des Beaux-Arts.

Hôtel Adlon
(Unter den Linden 75-77)
Architectes : Patzschke, Klotz & Partner, Berlin
1995-97

L'ancien hôtel Adlon, inauguré en 1907, était un hôtel de luxe légendaire. Endommagé pendant la seconde guerre mondiale, il fut démoli par la suite. Le nouvel édifice reprend intentionnellement les motifs historiques qui caractérisaient son prédécesseur et confère au tout une sensation de luxe, d'élégance et de tradition de par les éléments de structure en grès, les avant-corps et les combles de cuivre en croupe avec les couronnements du faîte et les lucarnes du toit. Les baies d'arc en plein cintre et la structure en bossage rustique sont autant de citations directes de l'ancien bâtiment ; ce dernier était toutefois moitié moins grand que l'édifice actuel du fait que celui-ci occupe une portion de terrain supplémentaire (sur la Wilhelmstraße). Même le grès de Rackwitz en provenance de la région de Bunzlau en Pologne – grès qui a été également utilisé pour la Cathédrale de Berlin (*Berliner Dom*) et l'édifice de l'université – est une référence directe à la méthode de construction de l'ancien hôtel. Le nouvel hôtel Adlon n'appartient sûrement pas aux constructions les plus originales de la nouvelle architecture de Berlin. Mais la reconstruction de l'hôtel selon une architecture moderne et spectaculaire – qui aurait d'ailleurs sans doute été controversée – n'allait pas seulement à l'encontre des intérêts commerciaux des propriétaires, mais également contre le règlement de reconstruction et de réaménagement de la Pariser Platz. Les architectes Rüdiger et Jürgen Patzschke font partie des architectes les plus renommés en matière de construction d'hôtels de luxe et ont reçu des commandes aussi bien dans les Emirats Arabes Unis ou en Inde qu'en Allemagne ou à Majorque. Le somptueux aménagement intérieur est l'œuvre de Julian Reed d'Ezra Attia à Londres et de Lars Malmquist de Stockholm.

ci-dessus :
Maison Sommer

ci-contre:
Maison Lieber-
mann

Maison Liebermann et **Maison Sommer**
(Haus Sommer : Pariser Platz 1 – Haus Liebermann : Pariser Platz 7)
Architecte : Josef Paul Kleihues, Berlin
1996-98

Les deux édifices jumeaux, directement con- tigus à la porte de Brandebourg, s'inspirent de leurs prédécesseurs en termes de dimension avec la conception classique et symétrique des façades, dotées de balcons suspendus au-dessus des entrées respectives. Les deux anciens bâtiments avaient été édifiés entre 1844 et 1846 par Friedrich August Stüler dans la ligne directe de Schinkel, mais possédaient un étage de moins. La Maison Liebermann au nord était la maison et l'atelier du fameux peintre Max Liebermann. Kleihues a créé deux édifices correspondant de façon exemplaire au principe de "reconstruction critique" de Berlin qu'il a propagé, ainsi qu'au règlement de reconstruction et de réaména- gement de la Pariser Platz : respect des dimensions des constructions, c'est-à-dire du volume et de la hauteur, ainsi que des matériaux de construction tels qu'utilisés pour les bâtiments précédents.

Palais de la Pariser Platz
(Pariser Platz 6a/Ebertstraße 24)
Architecte : Bernhard Winking, Hambourg
(avec Martin Froh, Berlin)
1996-98

L'immeuble d'habitation et de commerce situé au nord-ouest de la place reprend lui aussi dans son tracé général des éléments d'architecture du bâtiment antérieur, comme l'érection d'une tour – qui confère un certain accent à l'édifice en angle – ou bien encore la structure claire au style classique. Est notam-ment réussie du point de vue de sa conception la cour intérieure dans laquelle est exposée une sculpture de Stephan Balkenhol.

ci-dessus : Haus Liebermann vue de l'ouest

en bas à droite et
à gauche :
palais de la
Pariser Platz

L'imposant édifice est le siège social berlinois de la Dresdner Bank. La façade symétrique avec son revêtement de grès est dominée par la magnifique entrée à deux étages et la disposition des fenêtres deux à deux dont les stores de protection solaire sont repliables. L'étage du toit, légèrement en retrait, est peint en vert. Les architectes ont ainsi réussi à obtenir une composition d'ensemble classique avec un haut rez-de-chaussée, trois étages supérieurs et l'étage du toit. Comme le bâtiment, à l'exception de la façade, est entouré d'autres édifices, von Gerkan, Marg und Partner proposèrent d'installer à l'intérieur un atrium circulaire d'un diamètre de 29 mètres, recouvert d'un toit en verre. Cet atrium ne fournit pas seulement aux bureaux la lumière naturelle, mais sert aussi de lieu de manifestation.

Eugen-Gutmann-Haus de la Dresdner Bank
(Pariser Platz 5a-6)
Architectes : "gmp" (von Gerkan, Marg & Partner), Hambourg
1996/97

Palais de la Pariser Platz (à gauche) et Eugen-Gutmann-Haus

DZ-Bank Haus
(Pariser Platz 3)
Architecte : Frank O. Gehry, Santa Monica / Etats-Unis
1997-2000

L'une des nouvelles constructions de la Pariser Platz les plus atypiques en matière architectonique est la DZ-Bank du célèbre architecte californien Gehry. Tout en tenant compte des règles en matière de reconstruction et de réaménagement de la Pariser Platz selon lesquelles les superficies des pierres (surfaces fermées) et des fenêtres (surfaces ouvertes) devaient être uniformément réparties, il a créé une façade avec de solides piliers verticaux en pierre au milieu desquels s'encadrent les rangées des fenêtres et leurs rebords d'appui. Le dernier étage, quant à lui, fond en arrière-plan, alors que l'avant-dernier étage est doté de fenêtres placées en oblique. La cour vitrée centrale est tout particulièrement impressionnante et originale avec la conception de sa coupole en forme de toile d'araignée, ses murs revêtus de bois rouge, son sol bombé en verre ainsi que sa salle de conférences, pièce sculpturale revêtue de métal semblant flotter librement. La façade donnant sur la Behrenstraße est également fort remarquable de par sa structure en forme de vagues et son architecture d'encorbellement avec les châssis métalliques saillants des fenêtres ressemblant à des boîtes. Il est amusant de constater que Gehry a adopté sur la façade arrière le style typiquement berlinois des étages supérieurs rentrants.

Frank Owen Gehry

Né en 1929 à Toronto (Canada), Gehry a acquis une renommée mondiale grâce avant tout à ses projets spectaculaires de musées, comme la dépendance Guggenheim à Bilbao (1997). La structure compliquée de ses œuvres toujours préparées par ordinateur ressemble davantage à de la sculpture qu'à de l'architecture traditionnelle. En Allemagne, il a réalisé le musée Vitra du design (Vitra Design Museum) à Weil-sur-le-Rhin (1987-89), l'édifice Energie-Forum-Innovation à Bad Oeynhausen (1992-95), la cité Goldstein à Fancfort-sur-le-Main (1996) et la diète (Landtag) de Düsseldorf. Après l'échec de son projet concernant l'île des Musées, l'édifice de la DG-Bank est la première construction qu'il réalise à Berlin.

ci-dessus : façade donnant sur la Pariser Platz
p. 46: façade donnant sur la Behrenstraße
ci-dessous : cour vitrée

Immeuble de bureaux pour les parlementaires (Unter den Linden 50)

Académie des Beaux-Arts
(Pariser Platz 4)
Architecte : Günter Behnisch, Manfred Sabatke, Werner Durth, Stuttgart
2001-02
Certes, la façade de l'Académie reprend l'alignement historique sur la rue et les proportions de son prédécesseur. Mais, seule exception sur la Pariser Platz, l'Académie des Beaux-Arts dispose d'une façade tout en verre qui permet de voir l'intérieur. Les parties arrière de l'édifice sont d'époque et ont été intégrées à la nouvelle construction.

Unter den Linden 80 (à gauche) et 78 (à droite)

Immeuble d'habitation et de commerces
(Unter den Linden 80)
Architectes : Laurids et Manfred Ortner, Vienne / Berlin
1999-2000
Le bâtiment de sept étages au tracé sévère constitue l'extrémité nord-est de la place. La conception des façades en grès tient compte du rythme de structure des étages de l'hôtel Adlon qui lui fait face.

Immeuble de bureaux pur les parlamentaires
(Unter den Linden 50/Neustädtische Kirchstraße), Architecte: Bureau Alexander Kolbe, Berlin 1994–97
Erigé en 1965 pour le Ministère du Commerce Intérieur et Exté´rieur de la R.D.A., l'imposant complexe a été complètement reconcu par le bureau berlinois Kolbe de 1994 à 1997. Les architectes ont certes conservé le tracé principal, mais la facade a été recouverte de pierre naturelle et l'immeuble a été prolongé par un étage en attique moderne fort agréable avec un toit en encorbellement.

Ambassade française (Pariser Platz 5)
Architectes : Christian de Portzamparc, Paris ; Steffen Lehmann, Berlin 2001-02

La zone qui s'étend de Pariser Platz jusqu'à Wilhelmstraße possède deux cours intérieures. La façade donnant sur la Pariser Platz procure un effet monumental de par son rez-de-chaussée élevé et pratiquement dépourvu d'ouvertures ainsi que par les fenêtres des étages supérieurs s'étalant sur plusieurs niveaux et se dépare ainsi de la construction traditionnelle des bâtiments voisins.

Ambassade des Etats-Unis
(Pariser Platz 2)
Architectes : Moore Ruble, Yudell Santa Monica ; Gruen Associates, Los Angeles 2005–08

A la place de l'ancienne ambassade se dresse le nouveau bâtiment de l'ambassade américaine. C'est elle qui prend le plus de place sur toute la Pariser Platz. En direction de Tiergarten, elle se présente sous un aspect moderne et conservateur.

Ambassade du Royaume-Uni
(Wilhelmstraße)
Architecte : Michael Wilford, Londres
1999-2000

A côté de l'hôtel Adlon se dresse exactement là où il se trouvait avant la guerre le (nouveau) bâtiment de l'ambassade britannique qui compte parmi les nouvelles constructions les plus intéressantes de Berlin. La façade en grès qui donne sur Wilhelmstraße présente au premier coup d'œil un aspect conservateur. Toutefois, les baies des fenêtres construites en oblique ainsi que les aménagements métalliques dans la zone d'entrée sont plutôt inhabituels. Dans la cour intérieure, l'architecte a fait libre usage d'un langage architectural futuriste : Michael Wilford a pu ici réaliser une construction transparente tout en verre et en acier.

Immeuble de bureaux et de commerces
(Unter den Linden 78/Wilhelmstraße)
Architectes : Hans Kollhoff & Helga Timmermann, Berlin
1999-2000

Ce bâtiment discret permet la transition de la Pariser Platz au boulevard Unter den Linden. La façade en grès gris acquiert un relief fort intéressant de par ses lisènes et ses étroites fenêtres à trois ou quatre vantaux. Le dernier étage en croupe rentrant ainsi que la balustrade soulignent le caractère élégant et conservateur de cet immeuble.

Haus Pietzsch ("Maison Pietzsch")
(Unter den Linden 42)
Architecte : Jürgen Sawade, Berlin
1992-95

Le bâtiment d'angle à sept étages situé au croisement de Unter den Linden et de Neustädtische Kirchstraße a été édifié sur un terrain vague et est la première construction du boulevard Unter den Linden à avoir été bâtie selon le principe de la "reconstruction critique". La Maison Pietzsch est d'un tracé simple et classique. Les deux étages inférieurs en verre forment du point de vue optique une unité et constituent ainsi le rez-de-chaussée. Au-dessus de ce rez-de-chaussée s'élèvent quatre étages en pierre naturelle. Une sorte de corniche assure la transition vers les étages du toit qui forment la partie habitable de l'édifice et sont vitrés, tout comme la cage d'escalier latérale au sein de laquelle des œuvres d'art sont exposées.

Bâtiment des parlementaires
(Unter den Linden 71)
Architectes pour la transformation : Gehrmann- Consult, Wiesbaden
1993-96

Tout comme l'édifice situé au numéro 50 du boulevard Unten den Linden, celui du numéro 71 est la reconstruction intégrale d'un bâtiment datant de l'époque de la R.D.A. (1962 pour être précis). La façade de cette construction, auparavant utilisée sous la R.D.A. comme Ministère de l'Instruction du Peuple (*Ministerium für Volksbildung*), a été complètement reconçue au goût du jour en 1993-96 avec un style privilégiant l'horizontal.

ci-dessus :
Haus Pietzsch

ci-dessous : Unter den Linden 71

Immeubles d'habitation et de commerces
(Friedrichstraße 116, 119)
Architectes : Hans Kollhoff et Helga Timmermann, Berlin
1997-99

A l'entrée nord de Friedrichstraße, là où se tenait auparavant l'ancienne porte d'Oranienbourg (*Oranienburger Tor*), se dressent désormais deux nouveaux immeubles d'habitation et de commerces. Le coin de la rue est dominée par une tour de trois étages qui contribue à affirmer son caractère urbain. La conception de la façade est typique des formes architecturales utilisées par Kollhoff & Timmermann : les façades en grès sont formées par d'étroites fenêtres et des lisènes sans chapiteau, ce qui leur confère ainsi une structure en relief. Les deux étages inférieurs sont réunis du point de vue optique pour former le rez-de-chaussée. Les rebords d'appui terminent la façade.

Friedrichstraße

Friedrichstraße apparaît suite à l'aménagement du quartier de Friedrichstadt à partir de 1691. La rue reçoit son nom de son créateur, Frédéric III (*Friedrich* en allemand) qui devient le roi Frédéric Ier à partir de 1701. Autrefois quartier résidentiel, Friedrichstraße accueille aussi à partir de 1871, année de la création du Reich, des hôtels, des restaurants, des cafés, des commerces et des théâtres. Friedrichstraße devient ainsi l'artère commerciale et de loisirs de Berlin. Ont appartenu entre autres aux établissements les plus célèbres le "café Kranzler", le "restaurant Kempinski", le "café Bauer" et "l'hôtel Victoria". Friedrichstraße s'étend sur trois kilomètres et demi dans la direction nord-sud, traversant successivement la Spree, le grand boulevard Unter den Linden et Leipziger Straße sans oublier jusqu'en 1989 le mur de Berlin avec Checkpoint Charlie.
Après 1945, Friedrichstraße perd son importance passée du fait de sa destruction considérable pendant la seconde guerre mondiale et de l'érection du mur, à l'exception de la partie où se trouve la gare de Friedrichstraße du fait que cette zone située entre Unter den Linden et Checkpoint Charlie fut reconstruite en partie. Ce n'est qu'en 1984 que la XVème conférence des délégués d'arrondissement du SED décident de reconstruire complètement la rue. C'est pourquoi certaines constructions venaient juste de commencer en 1989 au moment où le mur tomba. Elles furent interrompues pour la plupart peu de temps après au profit de nouveaux plans de construction.
C'est grâce au tournant de 1989 et surtout à la décision de faire de Berlin la capitale en 1991 que les plans pour le rétablissement de Friedrichstraße en tant que rue commerciale ont commencé. Le plan d'aménagement de la rue prévoyait comme pour les autres plans de construction urbaine de Berlin la "reconstruction critique" du schéma historique de la ville. Cela signifie que l'alignement des constructions le long des rues et des places doit être conservé et que la hauteur maximale de 22 mètres jusqu'aux gouttières et de 30 mètres jusqu'au faîte des toits doit être respectée. Du fait que les investisseurs proviennent du secteur économique, Friedrichstraße a pu être presque complètement reconstruite jusqu'en 1999. Il s'agit principalement d'édifices commerciaux à usage multi-fonctionnel avec des boutiques et des restaurants aux étages inférieurs et des bureaux aux étages supérieurs. Les derniers étages servent en général de logement d'habitation.

Immeuble de bureaux
(Friedrichstraße 106-108/coin de Johannisstraße)
Architectes : gmp (von Gerkan, Marg & Partner), Hambourg
1997

Le célèbre bureau d'architecte gmp a créé avec cet édifice ainsi qu'avec Salamander-Haus à Tauentzienstraße (cf. p. 133) et l'atrium de Friedrichstraße (cf. p. 59) un nouveau genre de bâtiment en angle. Il se caractérise par la tour d'angle et l'importance de certains éléments architecturaux porteurs et non porteurs. De grandes superficies en verre et la structure constructive déterminent la conception de la façade.

Centre commercial Dussmann
(Friedrich-/Dorotheen-/Mittelstraße)
Architecte : Miroslav Volf, Sarrebruck
1995-97

Entre la gare de Friedrichstraße et Unter den Linden est apparue une nouvelle construction revêtue de panneaux de grès, qui intègre habilement les éléments d'architecture historiques encore présents. Le schéma de cet édifice est typique des nouvelles constructions érigées le long de Friedrichstraße : le bloc de construction présente une zone inférieure abritant un passage à colonnes qui mène vers Friedrichstraße. Au-dessus s'élèvent quatre étages d'une conception uniforme ainsi que deux étages sous le toit. L'intérieur est remarquable avec son hall commercial de plusieurs étages.

Friedrich Carree
(Friedrichstraße 144-148, Dorotheen-straße
57-60, Georgenstraße 24-27)
Architectes : Assmann, Salomon & Partner; Becker, Gewers, Kühn & Kühn ; Eike Becker Architekten ; Müller & Reimann ; Walter A. Noebe, Patzschke, Klotz & Partner ; Metz, Klotz & Partner
2000-02

Comme pour les projets Hofgarten et Kontorhaus Mitte (cf. pp. 51/52 et 58), la reconstruction du quartier 115, situé à proximité directe de la gare de Friedrichstraße, a été morcelée suivant un plan d'ensemble préparé par un bureau d'architectes (ici le bureau Assmann, Salomon et Scheidt), les différentes constructions prévues étant ainsi confiées à plusieurs architectes, responsables de la planification des détails. Les points communs de ce groupe d'édifices sont les façades avec un rez-de-chaussée de deux étages, la hauteur des gouttières de 30 mètres ainsi que le revêtement en pierre naturelle.

Hôtel Maritim
(Mittel-, Friedrich-, Dorotheenstraße)
Architectes : Nettbaum & Partner
1993-97

L'hôtel "Maritim" est une construction gigantesque située à proximité directe de la gare de Friedrichstraße. Les architectes Nettbaum & Partner ont réussi la tâche délicate de transformer et d'agrandir l'ancien hôtel "Metropol" érigé en 1977, tout en se conformant aux exigences actuelles en matière de construction d'hôtel et à l'obligation d'une "reconstruction critique" du schéma historique de la ville au niveau urbain. Le complexe offre un langage moderne des formes en reprenant l'alignement historique sur la rue de son prédécesseur. A cet effet, les architectes se sont inspirés, pour ce qui est de la partie de l'hôtel donnant sur Friedrichstraße, des proportions et des formes de l'édifice Dussmann faisant face à l'hôtel, comme par exemple le passage aux colonnes. Sur la partie donnant sur Dorotheenstraße, l'édifice des années 1970 – une haute tour tout en longueur – forme une sorte d'aile au milieu qui reflète les nouveaux blocs de part et d'autre.

Ambassade de la Belgique
(Jägerstraße 52-54)
Architecte : Elisabeth Rüthnick, Berlin
1967, 1999-2002

Erigé en 1967 pour la police de la R.D.A. (*Volkspolizei der DDR*), le complexe a été complètement reconçu par le bureau berlinois Rüthnick de 1999 à 2002. Les architectes ont certes conservé le tracé principal, mais la façade a été recouverte de pierre.

Lindencorso
(coin de Unter den Linden, Friedrichstraße/ Rosmarinstraße)
Architecte : Christoph Mäckler, Francfort-sur-le-Main
1994-96

Le Lindencorso, érigé en tant que centre de culture et de commerce franco-allemand avec des galeries d'exposition et des boutiques, se présente à la fois sous un aspect antique et moderne. Il est caractérisé par les rangées régulières des fenêtres à n'en plus finir et par la façade murée (pas revêtue !) en grès et en pierre calcaire de l'Elbe, éléments qui confèrent à l'édifice son caractère conservateur et sa monumentalité. Les logements d'habitation se trouvent dans les deux derniers étages qui se trouvent en retrait par rapport au reste de l'édifice, à l'image de la plupart des nouvelles constructions à Berlin.

SCHUHE
H&M

Hofgarten
(Friedrich-, Französische-, Charlotten-, Behrenstraße)
Architectes : Josef Paul Kleihues, Berlin (pour le concept général, l'hôtel Charlottenstraße et l'immeuble de bureaux de Behrenstraße); Max Dudler, Zurich / Berlin (pour la maison d'habitation de Behrenstraße) ; Hans Kollhoff, Berlin (pour l'immeuble de bureaux de Friedrichstraße) ; Jürgen Sawade, Berlin (pour l'immeuble de bureaux et de commerces de Französische Straße)
1993-96

Le quartier est conçu selon le principe de l'architecture en bloc développée par l'architecte Josef Paul Kleihues, lequel avait pour objectif le rétablissement de l'ancienne structure parcellaire ainsi que l'utilisation multi-fonctionnelle des bâtiments. Kleihues est responsable du concept général, de la réalisation de deux édifices et de l'infrastructure et de l'interconnexion des bâtiments, à savoir la cour intérieure et les entrées principales. Les constructions restantes du complexe ont été réalisées par trois autres architectes de renom. Ainsi sont apparus plusieurs édifices présentant chacun un caractère différent, différence qui est encore accentuée par l'utilisation de diverses couleurs sur les façades. Les anciennes constructions historiques datant du début du 20ème siècle ont contribué à faire revivre l'image de la rue, suite à leur restauration et à leur intégration dans le bloc. En plus de cela, le concept général a permis que les logements ne soient pas situés sous les toits, comme cela est le cas dans les autres édifices récents de Friedrichstraße (un quota minimal étant en effet prescrit selon lequel 20 % des nouvelles constructions du centre-ville doivent servir de logement), mais bien directement dans un immeuble d'habitation.

pp. 56 et 57 : les nouveaux édifices créés par Hans Kollhoff s'intègrent merveilleusement bien dans la construction existante. Les façades à la conception individuelle se caractérisent par leurs bonnes proportions aussi bien dans l'ensemble que dans le détail. Kollhoff utilise de longues fenêtres étroites rectangulaires, des lisènes avec et sans chapiteau qui confèrent un relief léger à la façade ainsi que des étages en hauteur rentrants par palier. Il renoue ainsi de par ces formes avec les structures historiques des façades. Le revête- ment en granit gris mat est également fort intéressant et offre un contraste avec les cadres noirs des fenêtres et les balustrades.

à droite : à gauche de la maison d'angle historique, la Behrenstraße abrite le bâtiment peu spectaculaire de Max Dudler conçu de manière minimaliste et rationaliste. Le revêtement en granit sombre et les rangées de fenêtres rectangulaires régulièrement disposées en longueur ne détonent pas, mais permettent plutôt à la vieille construction d'occuper le devant de la scène.

en haut et en bas : Hofgarten
en haut : Josef Paul Kleihues a réalisé l'hôtel de luxe du groupe canadien Four Season qui donne sur Charlottenstraße. L'édifice occupe toute la largeur du bloc de construction. L'hôtel se caractérise par un revêtement clair en travertin, des fenêtres rectangulaires tout en longueur et des encorbellements convexes saillants. en bas : Jürgen Sawade, le représentant d'un art moderne parcimonieux qui utilise des matériaux nobles, a choisi un granit noir poli pour la réalisation de l'immeuble de bureaux et de commerces de Französische Straße. La façade est conçue de manière uniforme avec de larges baies de fenêtres, ce qui lui confère une certaine monumentalité. Elle offre ainsi un contraste saisissant avec l'édifice voisin de style néo-renaissance qui présente de nombreux éléments de décor et se compose de petites parties, le "restaurant Borchardt".

Josef Paul Kleihues

Comme peu d'autres avant lui, l'architecte internationalement reconnu, Josef Paul Kleihues, a marqué de sa griffe le concept urbain de l'architecture berlinoise des années 1980 et 1990. Né en 1933 à Rheine en Westphalie, Kleihues fait ses études à Stuttgart et à Berlin, notamment auprès de Peter Poelzig, Hans Scharoun ainsi qu'à l'Ecole des Beaux-Arts de Paris. Il crée en 1962 son propre bureau à Berlin, devient à partir de 1973 professeur à l'université de Dortmund et était depuis 1994 professeur d'architecture à l'académie des beaux-arts de Düsseldorf. Il a été également professeur invité à la Cooper Union de New York et à Yale. È mort en 2004.
*Ses projets les plus connus sont le musée de préhistoire et de protohistoire (*Museum für Vor- und Frühgeschichte*) de Francfort-sur-le-Main (1988), les "Deichtorhallen" d'Hambourg (1988 / 89) et le musée d'art contemportain (*Museum of Contemporary Art*) de Chicago (1996). Le nombre de ses constructions à Berlin est impressionnant. Il suffira d'évoquer l'atelier principal de la voirie urbaine de Berlin à Tempelhof (1969-83), le "Kantdreieck" (1995), la transformation et l'extension de la gare de Hambourg à Berlin (1996), les maisons Liebermann et Sommer à la porte de Brandebourg (1996-98), le "Kontorhaus" (1997), le "Hofgarten" et le "Triangle" (*Triangel, *1996). Kleihues est l'architecte qui a le plus influencé Berlin dans les années 1980 et 1990. Cela s'explique avant tout par le rôle qu'il a joué à l'occasion de l'exposition internationale d'architecture de Berlin (*Internationale Bauausstellung 1984/87 ou IBA*) dont il fut l'instigateur, l'organisateur et le directeur à partir de 1979. Il a conduit l'architecture urbaine de la fin des années 1980 sur de nouveaux rails en inventant et imposant le concept de "reconstruction critique". Ce principe a perduré au cours des années 1990 pour les constructions urbaines de Berlin. Même son principe du respect de la hauteur des gouttières à 22 mètres et l'introduction d'étages posés les uns sur les autres par paliers jusqu'à une hauteur maximale de 30 mètres ont été consacrés au titre de principe.*

Bâtiment administratif du KPMG
(Taubenstraße 45)
Architecte : Christoph Mäckler, Francfort-sur-le-Main
1996-98

L'édifice à huit étages en grès s'intègre parfaitement bien entre les deux anciennes constructions voisines. La façade symétrique confère au bâtiment un aspect vraiment plastique avec une imposante zone d'entrée chanfreinée à trois étages et les imposantes baies des fenêtres également coupées en biseau, sans oublier l'étage d'attique en encorbellement. A cela s'ajoute l'effet rustique de la surface en grès qui confère à l'édifice un aspect représentatif et original. Le tracé symétrique rappelle la solution classique d'une construction sur le devant flanquée d'ailes latérales entre lesquelles se dresse la cour intérieure couverte, séparée des ailes latérales par une paroi transparente en verre.

Passage de Friedrichstadt

Entre Gendarmenmarkt et Friedrichstraße se trouve le passage de Friedrichstadt. Les trois blocs de construction d'Oswald Matthias Ungers (quartier 205), de Pei, Cobb, Freed & Partners (quartier 206) et de Jean Nouvel ("Galeries Lafayette", quartier 207) sont reliés entre eux par un passage souterrain. Les quartiers 206 et 207 donnant sur Gendarmenmarkt avaient déjà été dotés d'un nouveau bâtiment au cours des années 1980. Celuici a été conservé tandis que les autres constructions dont les travaux de maçonnerie étaient déjà achevés en 1989 ont été rasés en 1992 pour permettre aux nouveaux édifices de prendre place.

Galeries Lafayette (quartier 207)
(Friedrichstraße 75)
Architecte : Jean Nouvel, Paris
1993-96

L'une des constructions les plus exceptionnelles de Friedrichstraße est sans nul doute l'édifice du centre commercial français, les „Galeries Lafayette", avec sa façade complètement vitrifiée dont l'angle nord-ouest est arrondi. Par beau temps, la façade reflète le paysage environnant et le soir on peut voir les pièces intérieures fortement éclairées. Tout comme l'extérieur, l'intérieur séduit de par son architecture tout en verre. Des balustrades, les visiteurs peuvent admirer les deux coupoles en verre qui transpercent les étages commerciaux jusqu'au rez-de-chaussée. D'innombrables lampes se reflètent dans le verre et produisent un étrange jeu de lumières. L'architecte Jean Nouvel, né en 1945 dans le sud de la France, aime travailler avec les éléments de verre et de lumière, avec le transparent et l'immatériel. Il a été rendu célèbre par la réalisation de l'Institut du Monde arabe (1987) qui fait face à Notre-Dame de Paris.

Quartier 205
(Friedrichstraße 66-70/Charlottenstraße 57-59/Mohrenstraße 46-50/Taubenstraße 14-15)
Architectes : Oswald Mathias Ungers & Partner, Cologne / Berlin
1992-96

C'est l'architecte Ungers de Cologne qui a été chargé de la réalisation du passage de Friedrichstadt II avait pour tâche de construire le bloc de construction du quartier 205 allant de Friedrichstraße jusqu'à Gendarmenmarkt, une zone de 110 x 77 mètres avec quelques 53.000 mètres carrés de surface disponible pour les immeubles d'habitation, de bureaux et de commerces. Ungers a choisi à cet effet un bâtiment "en pierre", une construction aérée revêtue de grès qui – comme cela est souvent le cas chez Ungers – prend pour base la forme carrée. Le centre du bloc se compose d'un édifice de neuf étages avec deux cours intérieures. Devant lui se dressent les autres bâtiments de six étages qui tiennent compte au niveau de leur proportion des constructions voisines. La construction centrale se distingue de ses "voisines" par un revêtement clair.

Oswald Mathias Ungers
*Le carré est le module de base utilisé le plus souvent par Ungers. Cette forme est le garant pour lui de l'harmonie, de la beauté, de la clarté et du calme. Le carré domine bien entendu aussi les constructions qu'il a réalisées à Berlin : le quartier 205 (1997) ou le tribunal des affaires matrimoniales (*Familiengericht*, 1994). Oswald Mathias Ungers, né en 1926, est l'un des architectes allemands les plus célèbres. Il a étudié à l'université technique de Karlsruhe auprès d'Egon Eiermann (qui a réalisé entre autres le "Langer Eugen" à Bonn et l'église commémorative de l'empereur Wilhelm à Berlin). En 1950, il crée son propre bureau à Cologne, devient professeur en 1963 à l'université technique de Berlin avant de partir en 1967 aux Etats-Unis où il accepte un poste de professeur invité à l'université de Harvard et à l'université de Californie. Il retourne finalement en Allemagne pour enseigner de 1986 à 1991 à l'académie des beaux-arts de Düsseldorf. Il a réalisé entre autres le musée d'architecture allemand (*Deutsches Architekturmuseum*) à Francfort-sur-le-Main (1979-84), la bibliothèque du Bade-Wurtemberg (*Badische Landesbibliothek*) à Karlsruhe (1980), les halles 9 et 10 et la porte du site des expositions de Francfort-sur-le-Main (1981-86), la résidence de l'ambassadeur d'Allemagne à Washington (1994) et l'extension de la galerie d'arts à Hambourg (1997).*

Quartier 206
(Friedrichstraße 71-74)
Architectes : Pei, Cobb, Freed & Partners, New York 1992-96

Le bloc de construction situé entre les deux quartiers 205 et 207 entre Taubenstraße et Jägerstraße se manifeste tout comme ses voisins par un langage architectural individuel. L'imposant bâtiment est caractérisé par ses saillies à angle aigu qui vont jusqu'au toit et s'étendent ainsi au-delà de la corniche ainsi que par son système de bandes horizontales de la façade. Il s'agit ici de motifs de l'architecture berlinoise des années 1960 qui ont cependant été complètement réinterprétés. A l'intérieur, l'atrium, autour duquel se regroupent les boutiques, ainsi que la décoration du passage avec ses mosaïques de marbre et ses escaliers tout en courbe sont remarquables.

Kontorhaus Mitte
(Friedrichstraße 180-190, Mohrenstraße 13-16, Kronenstraße 60-65)
Architectes : Josef Paul Kleihues, Berlin ; Vittorio Magnago Lampugnani / Marlene Dörrie, Francfort-sur-le-Main ; Walther Stepp, Berlin ; Klaus Theo Brenner, Berlin
1994-97

Environ la moitié du bloc de construction est constitué de nouveaux édifices. Ils ont été érigés selon le fameux principe d'architecture en bloc que reflète le concept général établi par Josef Paul Kleihues: il s'agit là d'une construction de six bâtiments qui tiennent compte de la structure historique parcellaire, c'est-à-dire que malgré la planification générale commune, le bloc donne l'impression d'édifices individuels construits sur des parcelles de terrain unitaires. La "reconstruction critique" – hauteur des gouttières de 22 mètres et hauteur du faîte de 29 mètres, hauteurs pouvant être respectées grâce à la méthode des étages supérieurs rentrants par paliers ; réalisation de façades en pierre comprenant trois parties, le rez-de-chaussée, les étages et la zone située entre les gouttières et le toit ; respect de la construction en blocs uniformément alignés sur la rue avec prise en compte apparente de la structure parcellaire (cf. introduction) – a été ici mise en pratique pour la première fois. Quatre bureaux d'architecte se sont partagés la réalisation des bâtiments. De ce fait, le bloc au concept fonctionnel unitaire se compose en réalité d'édifices conçus individuellement par les différents bureaux. Cela a permis d'offrir une référence suffisante au type de construction traditionnel de la vieille ville. Et en effet, le bloc de construction donne une image différenciée et fort changeante des grands édifices des autres quartiers de Friedrichstraße, réalisés à chaque fois par un seul architecte et non un groupe d'architectes. Les éléments communs aux différents édifices du complexe, éléments établis par le projet de Josef Paul Kleihues, sont la cour au toit vitré et les étages supérieurs en retrait, surmontés à chaque fois du même type de toit. Les différents édifices ne se différencient pas seulement par la forme de leurs fenêtres et de leur construction, mais surtout par les revêtements en grès de diverses couleurs. L'un des bâtiments les plus convaincants est le bâtiment faisant l'angle de Friedrichstraße et de Kronenstraße réalisé par Klaus Theo Brenner, avec d'étroites baies vitrées, un rez-de-chaussée en verre à deux étages et un revêtement en granit noir poli. Les bandes minces d'aluminium se détachant des dalles ont pour but d'indiquer qu'il s'agit bien d'un revêtement et non d'une simple paroi murée. On voit ainsi que l'architecte est marqué par l'exigence d'équité des matériaux et de fonction de l'immeuble, exigence qui, au 19ème siècle déjà, était un principe des néogothiques et notamment de John Ruskin. Les façades des autres bâtiments présentent un revêtement clair ou rouge. La conception des façades est relativement similaire, du fait qu'avec les étages supérieurs en retrait et la hauteur uniforme des gouttières un élément commun était déjà fixé dès le départ. C'est ainsi que tous les immeubles présentent un rez-de-chaussée à deux étages suivis de cinq étages principaux et de deux étages sous le toit.

Atrium de Friedrichstraße
(Leipziger/Ecke Friedrichstraße)
Architectes : gmp (von Gerkan, Marg & Partner), Hambourg 1995-97

L'édifice se dresse au milieu de Friedrichstraße dans un endroit typiquement urbain. Comme peu d'autres bâtiments avant lui, l'extérieur met à nu la construction de l'édifice du fait que les éléments porteurs sont distincts des éléments non porteurs, c'est-à-dire des surfaces vitrées. L'accent est mis par la tour d'angle qui reprend le principe architectonique du reste de la façade et qui s'intègre ainsi de façon tout à fait harmonieuse à l'ensemble – et ce, contrairement à certains autres bâtiments berlinois. Au centre se trouve un hall couvert impressionnant de 45 mètres de long.

Immeuble de bureaux et de commerces (quartier 108)
(Friedrich-/Ecke Leipziger Straße)
Architectes : Thomas van den Valentyn, Matthias Dittmann, Cologne 1996-98

Au croisement de Friedrichstraße, de Leipzigerstraße et de Kronenstraße, le quartier 108 abrite un bâtiment monumental de neuf étages, d'une conception uniforme. Cet édifice en granit noir offre un aspect assez sévère : niveau d'entrée à deux étages (avec de grandes vitrines et un premier étage "grillagé"), quatre étages supérieurs uniformes percés de fenêtres et trois étages rentrants sous le toit, revêtus de métal.

Hôtel Astron
(Leipziger Straße 106-111)
Architecte : Klaus Theo Brenner, Berlin 1999-2000

Cet hôtel est fort peu spectaculaire avec sa façade lisse et colorée.

Philip-Johnson-Haus
(Friedrichstraße 200/Mauerstraße)
Architecte : Philip Johnson
1994-97

Cet édifice massif (situé dans le quartier 106) se caractérise par l'alternance de superficies vitrées et de parties murales en granit à la forme de tours, dans lesquelles s'encastrent une ou deux rangées verticales de fenêtres. Les parties en pierre sont reliées entre elles au-dessus du sixième étage par une large bande horizontale. Le niveau des entrées est souligné par un motif oblique en verre qui s'étend sur plusieurs étages comme un rideau. L'édifice a reçu le nom de son créateur, en signe de respect pour Philip Johnson, né en 1906 et mort en 2005, l'un des pères de l'architecture moderne.

Immeuble de bureaux
(Friedrichstraße 50/Krausenstraße/Schützenstraße)
Architectes : Ulrike Lauber & Wolfram Wöhr, Munich
1996-98

En face du Philip-Johnson-Haus se dresse cette construction en verre caractérisée par ses longues rangées de fenêtres et son motif d'angle en courbe.

Immeuble de bureaux et d'habitation, le "Triangle"
(Friedrichstraße 204/Mauerstraße)
Architecte : Josef Paul Kleihues, Berlin
1994-96

Cet immeuble de bureaux fort original se dresse sur un terrain en triangle (d'où son nom, "Triangel" en allemand). Au coin de la rue formant l'angle aigu entre Mauerstraße et Friedrichstraße, l'arête du mur du bâtiment est arrondie. Du côté de Mauerstraße, les étages trois à sept semblent sortir de l'édifice pour former une façade complètement vitrée, tandis que les autres murs extérieurs en granit présentent des rangées de fenêtres horizontales. Détail particulièrement intéressant, l'arête en pointe de l'édifice de verre et d'acier donne sur Checkpoint Charlie.

ci-dessus :
Markgrafenstraße
36, 35, 34

à droite :
Markgrafenstraße
35 (détail)

Gendarmenmarkt

Immeuble de bureaux, d'habitation et de commerces
(Markgrafenstraße 36)
Architectes : Hilmer & Sattler, Munich
(Heinz Hilmer et Christoph Sattler)
1994-96

Le bâtiment faisant l'angle de Taubenstraße et de Markgrafenstraße s'inspire avec ses étages supérieurs en retrait de l'architecture de l'immeuble voisin de Max Dudler ainsi que de l'immeuble de Kleihues au numéro 34. Les fenêtres sont cependant étroites et alignées selon le même rythme. Le haut rez-de-chaussée avec ses grandes vitrines forme la base de la façade simple et claire au style classique prononcé que l'on observe sur les étages supérieurs.

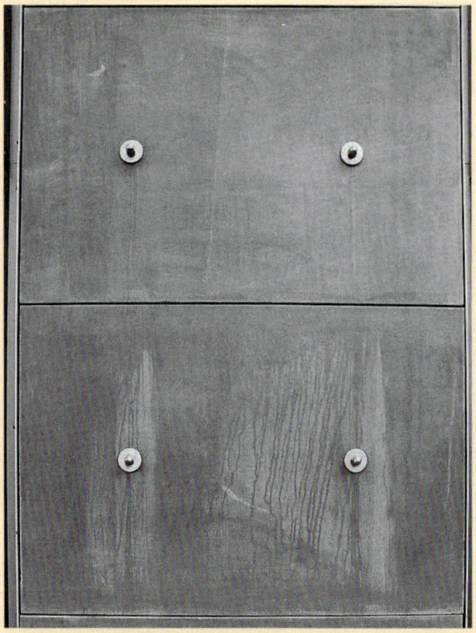

Immeuble de bureaux, d'habitation et de commerces (Markgrafenstraße 35)
Architecte : Max Dudler, Zurich / Berlin
1994-97

La façade de ce complexe de bureaux, d'habitation et de commerces à la conception symétrique sévère donne sur la cathédrale allemande (*Deutscher Dom*) et Gendarmenmarkt. Les formes simples, les lignes claires et l'architecture cubique prononcée sont tout à fait typiques des constructions de cet architecte suisse. Les fenêtres disposées à l'horizontale se caractérisent par un système quadrillé. Les deux rangées extérieures des fenêtres des deux derniers étages sont en retrait. Mises en avant de ce fait, les quatre rangées du milieu ainsi que la zone d'entrée, en retrait sur deux étages, soulignent la structure symétrique de la façade. Celle-ci est ennoblie par des plaques de granit foncé retenues par des vis en acier laissées intentionnellement en vue. Le motif ainsi conféré par les vis apparentes qu'utilise également Josef Paul Kleihues anime, d'une part, la surface de la façade et satisfait, d'autre part, à l'exigence d'équité des matériaux, ce qui permet d'indiquer clairement que la façade est revêtue (et non murée).

ci-contre : Markgrafenstraße 34

en bas: Markgrafenstraße 36, 35

Immeuble de bureaux, d'habitation et de commerces
(Markgrafenstraße 34)
Architekt: Josef Paul Kleihues, Berlin
1994-96

Le bâtiment faisant l'angle de Mohrenstraße et de Markgrafenstraße offre certes la même construction en étages

que son pendant de Taubenstraße et Markgrafenstraße, mais la conception de la façade ne rend pas le même effet de “classique moderne”, rappelant de par les rangées régulières de fenêtres horizontales les constructions des années 1970 et 1980. Même la tour d’angle qui donne l’impression d’un corps étranger se retrouve déjà dans l’architecture berlinoise des années 1980.

Ministère fédéral allemand de la Justice
(Jerusalemer 24-28, Mohrenstraße 36-37b, Kronenstraße 38-41)
Architectes (transformation et nouveautés) : Eller + Eller, Düsseldorf
1997-2001

Pour le Ministère de la Justice, quatre édifices classés monument historique du tournant du siècle dernier (vers 1900) plus les Mohrenkolonnaden de Carl Gotthard Langhans (1787), une construction en panneaux préfabriqués du temps de la R.D.A. et un nouveau bâtiment ont été rassemblés en un ensemble tortueux qui conserve une cour arrière, élément tout à fait typique à Berlin. Deux des cinq cours du bloc sont recouvertes d’un toit en verre, de nombreux escaliers et rampes s’y ajoutant. La nouvelle bibliothèque vitrée à trois étages (photo) se dresse sur le toit d’une des anciennes constructions et offre un accès au nouveau jardin du toit.

Office Center du Ministère des Affaires Etrangères (*Auswärtiges Amt*)
(photo en haut à droite) (Hausvogteiplatz 13/Niederwallstraße 1-2)
Architectes : Christoph Czarniak, Wiesbaden 1998-99

Le nouveau bâtiment s’aligne sur la hauteur des gouttières de l’édifice voisin érigé en 1895 par Alterthum & Zadek. Avec le toit mansardé qui se laisse deviner, l’étage de la mezzanine et les lucarnes, sans oublier la conception symétrique de la façade et les piliers en grès, il fait référence à des formes de construction historiques et baroques.

Ministère Federal de la Justice

Centre d'émission de SAT 1
(Oberwallstraße 6-7/Jägerstraße 27-33/Taubenstraße 24-25)
Architectes: Dieter Hoffmann, Frank Uellendahl, Berlin 1995-2000; Axthelm. Frinken Architekten, Potsdam (Oberwallstraße 6–7, photo de droite)

L'émetteur de télévision de SAT 1 s'est installé dans plusieurs édifices anciens et nouveaux tout près de Gendarmenmarkt. La partie la plus remarquable est l'immense toit en verre (Axthelm. Frinken Architekten, Potsdam) qui surplombe, après transformation, l'ancien centre commercial Mannheimer des architectes Bohm & Engel en 1896.

Wissenschaftsforum de Berlin („Forum des sciences")
(photo en bas à droite)
(Markgrafenstraße 37/Taubenstraße 30)
Architectes : Wilhelm Holzbauer, Vienne 1996-98

Ce bâtiment d'angle se situe sur Gendarmenmarkt en face du théâtre national allemand de Schinkel (*Schauspielhaus*). La hauteur des gouttières et du faîte ainsi que les „piliers" rustiques s'alignent sur la conception historique de son voisin dont il se distingue par un étage de plus et par un élargissement considérable des baies vitrées.

Confédération des Chambres de commerce et d'industrie allemandes (*Deutscher Industrie- und Handelstag*, DIHT), Conseil national du Patronat allemand de l'Industrie (*Bundesverband der Deutschen*, BDI), Conseil national du Patronat allemand (*Bundesvereinigung der Deutschen Arbeitgeberverbände*, BDA)
(Breite Straße 20-21/Gertraudenstraße)
Architekten: Schweger + Partner,
Hambourg / Berlin 1997-99

Le siège berlinois des grandes organisations de l'économie allemande est un complexe majestueux se composant de trois édifices différemment conçus et reliés les uns aux autres par une imposante cour intérieure couverte.

Ministère fédéral allemand des Affaires Etrangères (photo p. 73)
(Werderscher Markt/Kurstraße 36)
Architectes : Thomas Müller, Ivan Reimann,
Altbau: Hans Kollhoff, Gerhard Merz, Berlin
1997-99

Pour les Affaires Etrangères, l'édifice de l'ancienne Reichbank à Werderschen Markt, la première grande construction représentative de l'époque nazie (commencée en 1934 selon les plans de Heinrich Wolf), a été transformée et une extension au nord a été érigée. Contrairement à l'ancienne construction qui avait certes les mêmes formes mais qui possédait des cours intérieures en axe, le cube isolé du nouvel édifice est asymétrique avec ses trois cours : une cour publique en verre au nord, la cour de la bibliothèque à l'est et une cour d'honneur en axe au sud. Les façades sont dotées, sur certaines parties, de rangées de fenêtres rectangulaires disposées selon un schéma uniforme et de hautes prolongations des supports dans les baies des cours.

Ministère fédéral des Affaires Etrangères (extension)

Quartier de Schützenstraße
(Schützen-/Markgrafen/Zimmer-/Charlottenstraße)
Architecte : Aldo Rossi, Milan 1994-97

L'une des curiosités de la nouvelle architecture berlinoise est sans conteste ce bloc de bâtiments – se composant de douze édifices – situé à proximité directe de Friedrichstraße. Il s'agit là d'une construction tout en couleur faite de petits éléments et faisant de nombreuses références à l'architecture historique. A cet effet, l'architecte renommé Aldo Rossi (1931-1997) de Milan renoue avec l'ancienne structure parcellaire étroite et la

tradition de la réalisation d'une cour arrière, et a intégré dans son plan la substance existante des anciennes constructions. L'abondante diversité des motifs et des couleurs caractérise la construction de ce complexe qui donne l'illusion de prendre en compte des réalisations historiques – par exemple avec la conservation des anciennes constructions ou la reconstruction d'une partie de la façade du Palazzo Farnese romain (1514-1546) d'A. da Sangallo et de Michel-Ange –, mais cette apparente prise en compte est plutôt à comprendre comme une citation ironique (photo en haut à gauche). Les détails sont conçus de manière agréable et rappellent là encore de temps à autre des éléments historiques comme les revêtements des fenêtres, les corniches ou les formes carrées. L'attachement à la tradition se voit aussi dans les proportions et le paysage varié des toits ainsi que dans les saillies et les renfoncements des façades et des encorbellements. L'architecte renoue ici avec l'architecture picturale qui était très en vogue en Allemagne entre 1870 et 1914 (au cours de l'introduction du gothique et de la Renaissance allemande).

Pénétrer dans les différentes cours intérieures via les passages construits à l'ancienne est fort impressionnant.

Sparkasse

Building du GSW (Société reconnue d'utilité publique de construction de lotissements et de logements, *Gemeinnützige Siedlungs- und Wohnungsbaugesellschaft mbH*, Berlin)
(Kochstraße 22)
Architectes : Matthias Sauerbruch et Louisa Hutton, Berlin 1995-99

Dans le cadre de l'extension du bâtiment administratif du GSW, les architectes ont réussi avec raffinement à grouper autour de l'ancienne tour administrative construite dans les années 1950 un building tout en largeur de 21 étages avec toit s'ouvrant vers le ciel ainsi que deux nouveaux bâtiments. La nouvelle construction domine nettement l'ancienne tour dont les étages sont directement reliés à ceux du nouveau building. Celuici, une construction élégante en verre et en acier, n'impressionne pas seulement par sa faible profondeur et sa transparence, mais aussi par sa conception écologique. Car ce building écologique possède – pour la première fois dans ces dimensions en Europe – une double façade en verre. Celle-ci réagit aux différentes températures extérieures ainsi qu'aux conditions de luminosité et permet ainsi d'économiser 40 % du besoin en énergie. Les lamelles de la construction extérieure en verre produi- sent un jeu de couleurs dans les tons rouges, changeant tous les jours. La construction inférieure à trois étages de couleur anthracite, située au coin de Kochstraße et de Markgrafenstraße, supporte au-dessus d'elle un édifice circulaire vert comprenant autant d'étages qu'elle.

à gauche : Building du GSW

Science Center Medizintechnik
(Ebertstraße 15a)
Architectes: Gnädinger Architekten, Berlin 2008–09

Viterra Development Building
(Ebertstraße 15)
Architect: Thomas Baumann, Berlin 2008

Délégation du Land de la Rhénanie-Palatinat (*Rheinland-Pfalz*)
(Allee in den Ministergärten)
Architectes : Heinle, Wischer und Partner, Stuttgart
1999-2001

Cette construction au tracé en forme de U se caractérise par une conception de base asymétrique.

ci-dessus : délégation du Land de la Rhénanie-Palatinat
ci-dessous : délégation du Land de la Sarre
en bas à droite : délégation du Land de la Basse-Saxe et du Schleswig-Holstein

Délégation du Land de la Basse-Saxe (*Niedersachsen*) et du Schleswig-Holstein
(Allee in den Ministergärten)
Architectes : Cornelsen + Seelinger, Seelinger + Vogels, Amsterdam, Darmstadt
1999-2001

Deux édifices similaires étroits, à six étages, accueillant chacun la délégation d'un Land, ont été réalisés l'un à côté de l'autre sur un terrain carré. Le hall en verre du milieu abrite une salle et des établissements gastronomiques.

Délégation du Land de la Sarre (*Saarland*)
(Allee in den Ministergärten)
Architectes : Peter Alt und Thomas Britz, Sarrebruck 1999-2001

La construction se compose de deux cubes qui donnent l'impression de se refléter à l'inverse l'un dans l'autre : là où l'un abrite des locaux, l'autre présente un hall, et vice-versa.

Immeuble de bureaux et de logements
(Lennéstraße)
Architectes: Petzinka, Pink und Partner
2003-04

Grâce à sa situation architecturale dans le coin nord-est du "triangle de Lenné" et à sa façade transparente en verre à double paroi, cet édifice occupe une position dominante dans le paysage urbain entre la Potsdamer Platz et le bâtiment du Reichstag.

Délégation du Land de Brandebourg (*Brandenburg*) et du Mecklembourg-Poméranie occidentale (*Mecklenburg-Vorpommern*)
(Allee in den Ministergärten)
Architectes : von Gerkan, Marg und Partner (gmp), Hambourg
1999-2001

Deux édifices distincts, qui abritent chacun la délégation d'un Land, sont réunis via un hall de plusieurs étages et un foyer. La conception des façades présente des fenêtres uniformément réparties.

Délégation du Land de la Hesse (*Hessen*)
(Allee in den Ministergärten)
Architectes : Michael Christl et Joachim Bruchhäuser, Francfort-sur-le-Main.
1999-2002

BAHNHOF POTSDAMER PLATZ

BAHNHOF POTSDAMER PLATZ
BAHNH

Potsdamer Platz

La Potsdamer Platz a été synonyme, au cours des années 1990, de la reconstruction du centre-ville de Berlin et de la réunion de Berlin-Est et de Berlin-Ouest. Les nombreuses possibilités des solutions de reconstruction ont été vivement discutées. On peut constater aujourd'hui que les constructions réalisées jusqu'à présent ont bien été acceptées par le public – et ce, malgré les doutes du départ. Les trois gratte-ciel de la Potsdamer Platz, qui forment une sorte de "porte" par rapport aux nouvelles réalisations attenantes, confèrent en outre un accent urbain prononcé, et le forum dans la zone du Sony Center introduit également de nouvelles normes techniques en matière de construction.
L'architecture remonte à un "concours d'idées pour la Postdamer Platz et la Leipziger Platz", un appel d'offre public lancé en 1991 auquel avaient été invités 16 bureaux d'architecte venant du monde entier. Ce concours avait pour but l'élaboration du concept d'une "utilisation mixte" du quartier de la ville, c'est-à-dire la coexistence de centres d'achats, de loisirs et de culture ainsi que de commerces, de logements et d'immeubles, à l'instar de ce qui se fait en matière de construction urbaine depuis les années 1980. En décidant d'éviter les monostructures, on a voulu garantir que le nouveau "centre" de Berlin reste animé jour et nuit. Le concours a rencontré un vif intérêt partout dans le monde en raison de la chance unique proposée aux architectes d'aménager tout un quartier (480.000 mètres carrés) au sein d'une grande ville. A côté de ce défi s'est également greffé le mythe de la Potsdamer Platz qui était dans les années 1920 un lieu de plaisir et le carrefour le plus fréquenté d'Europe. La guerre ne laissera

de cette époque que le Weinhaus Huth et des parties du grand hôtel de l'Esplanade. Certains investisseurs, comme notamment DaimlerChrysler (alors Daimler-Benz AG), avaient déjà décidé en 1989, peu de temps avant la chute du mur, de procéder à l'aménagement de ce quartier. C'est le bureau d'architectes Hilmer & Sattler qui a remporté le concours de reconstruction de la place en 1991. Ils ont conçu un schéma dense et de hauteur moyenne qui correspond au type d'une grande ville européenne, en refusant ainsi le modèle américain d'une "ville gratte-ciel" c'est-à-dire d'une concentration de hauts édifices. Dans le concept d'origine, seules deux tours d'une hauteur d'environ 90 mètres devaient être directement construites sur la Postdamer Platz, afin de lui conférer un certain accent urbain. Pour le reste, les gagnants du concours avaient proposé des blocs de 50 x 50 mètres, devant s'insérer entre les rues larges de 17 mètres. Ce concept a ainsi renoué avec le modèle de conception traditionnel, d'autant plus que le tracé des rues reprend celui existant avant la guerre. La réalisation de ce projet fut confiée à l'architecte anglais Sir Richard Rogers après bien des discussions et malgré la soumission d'un contre-projet financé par Sony et DaimlerChrysler.

Gare régionale de Potsdamer Platz
Architectes : Hilmer & Sattler, Munich / Berlin ; Hermann + Öttl, Moderson & Freiesleben Architektengemeinschaft, Berlin 1995-2001

Deux pavillons en verre et en fer aux formes simples signalent la nouvelle gare régionale souterraine directement située devant les hautes tours de Potsdamer Platz et construite sur un terrain carré. Cette gare s'élève sur trois niveaux de trafic pour le métro (*U-Bahn*) et le réseau express régional (*S-Bahn*), tandis que les grandes lignes utilisent les rails extérieurs de la gare. La gare régionale rappelle, dans une forme plus réduite, l'ancienne gare de Potsdam (*Postdamer Bahnhof*), l'une des principales gares de Berlin jusqu'à la seconde guerre mondiale pour le trafic grandes lignes qui r eliait la capitale avec l'ouest, le sud et le milieu de l'Allemagne.

Aire de DaimlerChrysler
(Potsdamer Straße/Linkstraße)
1993-99

Sur la base du concept élaboré par Hilmer & Sattler, la société Daimler-Benz AG (aujourd'hui DaimlerChrysler) a chargé en 1992 14 bureaux d'architecte de préparer un projet de construction pour ce terrain d'une superficie de 340 mètres carrés. Les vainqueurs du concours sont les architectes Renzo Piano et Christoph Kohlbecker. Ils ont su livrer la solution la

plus convaincante pour assurer la la liaison entre les bâtiments individuels du Kulturforum et le complexe planifié de la Potsdamer Platz. C'est également d'eux que provient l'idée de la Marlene-Dietrich-Platz (place Marlène Dietrich) et des plans d'eau. Ils ont ainsi conféré une nouvelle fonction à la vieille Postdamer Straße qui avait été coupée en 1968 par la construction de la Bibliothèque Nationale (*Staatsbibliothek*).
Tenant compte du tracé historique des rues et de l'ajout de nouvelles rues, 19 blocs de construction réalisés par plusieurs architectes sont apparus. L'extension en hauteur et l'effet d'échappement au loin produits par les trois gratte-ciel de la Postdamer Platz ainsi que la haute tour de la société debis sur le Landwehrkanal confèrent au complexe un certain accent architectonique. Environ 50 % de la surface utile sont utilisés pour des bureaux, 30 % pour le commerce, la gastronomie et les établissements culturels et 20 % pour le logement. Quelques 10.000 personnes habitent et travaillent dans l'aire de DaimlerChrysler.

Immeuble commercial et bureaux de DaimlerChrysler
(Alte Potsdamer Straße/Neue Potsdamer Straße)
Architecte : Hans Kollhoff, Berlin 1994-99

L'édifice se dresse à l'extrémité nord de l'aire de DaimlerChrysler sur la Potsdamer Platz et forme avec la tour de Sony et l'immeuble de bureaux de Renzo Piano

l'ensemble des gratte-ciel qui marque la Potsdamer Platz. Avec sa brique vernissée rouge brun et la conception de ses façades ornées de bandes de corniches et de lisènes sans oublier ses fenêtres bien proportionnées et alignées selon un rythme bien précis, l'édifice se détache nettement de la tour en verre de Sony. La vaste zone du rez-de-chaussée est revêtue de granit gris vert. L'édifice s'élève sur trois niveaux successifs. Cette conception en échelonnement lui permet de s'adapter sur l'arrière aux autres bâtiments plus petits. A 88 mètres de hauteur se trouve une plate-forme panoramique. De par le choix de ses matériaux, l'agencement fin de sa conception murale et sa construction en niveaux de différentes hauteurs, l'édifice fait écho à l'architecture des gratte-ciel des années 1930 et 1940 en Amérique du nord.

Immeuble de bureaux et de commerces
(Potsdamer Platz)
Architectes : Renzo Piano, Paris ;
Christoph Kohlbecker, Gaggenau
1995-99

Le bâtiment de 18 étages, situé sur un terrain en triangle entre l'Alter Potsdamer Straße et le nouveau parc, est l'un des trois grands gratte-ciel de la Potsdamer Platz. La façade est, tout comme celle de la haute tour de la société debis, revêtue de plaques de terre cuite couleur ocre. La partie en verre qui fait l'angle aigu du bâtiment confère à celui-ci, avec le toit suspendu au-dessus de l'entrée, une note toute particulière.

Potsdamer Straße en direction de l'est donnant sur la Potsdamer Platz avec à gauche l'aire de Sony et à droite l'aire de DaimlerChrysler.

Hans Kollhoff

Né en 1946 à Lobenstein en Thuringe, cet architecte a fait ses études à Karlsruhe, Vienne et la Cornell University (Etat de New York, où il fut l'assistant d'Oswald Mathias Ungers). Depuis 1984, il dirige avec Helga Timmermann un bureau à Berlin. Après plusieurs postes de professeur invité à Berlin et à l'université technique de Zürich, il enseigne en tant que professeur dans ce dernier établissement. Kollhoff est connu pour la conception conservatrice de ses façades qui se caractérisent par leur profil fin, les baies étroites de leurs fenêtres et leur revêtement en grès. Au début des années 1990, il choisit résolument le type de construction en pierre ("Steinernes Haus"*) par opposition aux façades transparentes et vitrées. Sa doctrine pour la reconstruction du centre-ville de Berlin a été reprise par le directeur d'architecture du Sénat, Hans Stimmann. Il a ainsi été, à côté de Josef Paul Kleihues, l'un des architectes les plus influents de Berlin. Son projet de gratte-ciel pour la Potsdamer Platz marque la nouvelle silhouette de la ville. De nouveaux bureaux et de nouveaux immeubles commerciaux sont notamment apparus le long de Friedrichstraße. Ses fameuses colonnades de Leibniz (*Leibniz-Kollonaden*) s'insèrent aussi dans le paysage de la ville (p. 138). Il a été chargé en outre en 1994 du plan de l'aménagement de l'Alexanderplatz.*

Renzo Piano

*L'Italien Renzo Piano a gagné en 1992 le concours pour la construction de l'aire DaimlerChrysler sur la Potsdamer Platz. En plus de la direction artistique du projet général, il n'en a pas moins influencé de façon décisive la conception du nouveau Berlin avec les deux gratte-ciel réalisés par lui ainsi que les bâtiments de la comédie musicale (*Musicaltheater*), du cinéma IMAX et du casino (*Spielbank*). L'architecte, né à Gênes en 1937, est devenu célèbre avec le Centre Pompidou de Paris qu'il réalisa avec Richard Rogers jusqu'en 1977.*

Immeubles de bureaux, de commerces et d'habitation
Linkstraße
Architecte : Sir Richard Rogers, Londres
1995-1998

Les trois immeubles de bureaux, de commerces et d'habitation qui se situent le long de Linkstraße à côté de l'espace vert appartenant à la vieille gare de Postdam dégagent une impression futuriste avec leur conception en collage. Leur architecte, Richard Rogers, est avant tout connu pour avoir réalisé entre 1971 et 1977 le Centre Georges Pompidou à Paris avec Renzo Piano. Les chemins de Renzo et Rogers s'étaient séparés une fois achevé le légendaire musée français avant de se recroiser finalement dans le cadre de la construction de l'édifice de la société debis. La surface bâtie des trois édifices similaires fait 55 x 53 mètres tandis que la hauteur de chaque bâtiment s'élève à 37 mètres pour sept étages (hauteur des gouttières de 27 à 29 mètres). Les cylindres de verre caractéristiques, montés en échasse dans les coins des édifices, abritent des escaliers reliant les étages supérieurs.

Immeuble d'habitation "Grimm-Haus"
(Eichhornstraße/Linkstraße)
Architectes : Ulrike Lauber/Wolfram Wöhr, Munich

La construction est revêtue de dalles en terre cuite rouge et sert à l'habitation et au commerce. Elle abrite en outre une garderie d'enfants.

Centrale de la Volksbank de Berlin
(Linkstraße/Reichpietschufer)
Architectes : Arata Isozaki, Tokyo ; Steffen Lehmann, Berlin 1994-98

La direction de la Volksbank de Berlin occupe deux blocs de maisons, situés quelque peu en-dehors des rues de l'aire DaimlerChrysler fort fréquentées par les piétons. Ces bâtiments offrent 1.200 places de travail. Les deux longs blocs installés en parallèle dans un intervalle de 17 mètres sont séparés par Schellingstraße et reliés entre eux par cinq ponts à trois étages chacun. L'échelonnement des "ponts" les uns derrière les autres vaut le coup d'œil ; un jardin public est aménagé entre les deux blocs de construction. Le matériau de revêtement aux diverses couleurs d'ocre et de brun participe à l'agencement horizontal ou vertical des bâtiments. Les façades du rez-de-chaussée et des étages supérieurs en retrait tout comme le relief du jardin sont courbés en forme de vagues. C'est l'un des plus importants architectes japonais de l'époque contemporaine qui a réalisé cette construction : Arata Isozaki, né en 1931.

Complexe administratif de la société debis
(Reichpietschufer/Schellingstraße/Eichhorn-straße)
Architectes : Renzo Piano, Paris ;
Christoph Kohlbecker, Gaggenau
1994-97

Le complexe administratif de la société de prestation de service debis occupe plusieurs constructions. Il se compose d'une haute tour, visible de loin avec ses 60 mètres et son logo (un cube vert), ainsi que de deux longues ailes entourant un atrium au toit de verre de 90 mètres de longueur, 14 mètres de largeur et 33 mètres de hauteur. Les édifices sont revêtus de plaques en terre cuite couleur ocre. La tour dont la conception sculpturale se révèle par ses saillants et ses renfoncements, est pratiquement tout de verre dans sa partie donnant sur le Landwehrkanal.

Cinéma IMAX
(Marlene-Dietrich-Platz/ Eichhornstraße)
Architecte : Renzo Piano, Paris / Christoph Kohlbecker, Gaggenau
1995-98

L'édifice est l'un des bâtiments les plus importants de la Marlene-Dietrich-Platz avec sa partie frontale en forme de demi-cercle et sa coupole. Sous la coupole se situe la salle de projection avec un écran géant de 550 mètres carrés. Cette surface peut être agrandie jusqu'à 950 mètres carrés lorsque le film est projeté sur la partie intérieure de la coupole arrondie, au-dessus des spectateurs.

IMAX
POTSDAMER PLATZ
HYATT
SATURN

Comédie musicale (*Musicaltheater*) et casino (*Spielbank*)
(Marlene-Dietrich-Platz)
Architectes : Renzo Piano, Paris et Christoph Kohlbecker, Gaggenau
1996-98

Le plus éminent édifice de la Marlene-Dietrich-Platz qui abrite la comédie musicale et le casino tourne le dos à la Bibliothèque Nationale *Staatsbibliothek*) construite par Hans Scharoun. Les deux édifices ne sont séparés l'un de l'autre que par une rue étroite pour les autopompes. Les architectes de ce bâtiment font référence à l'ancienne construction voisine de par le tracé irrégulier, les longs avant-toits saillants et le revêtement partiel de la façade avec son métal à l'effet noble. C'est dans le bâtiment de la comédie musicale et du cinéma voisin Cinemaxx (Potsdamer Straße / Voxstraße) que le festival international du film de Berlin (*Internationale Berliner Filmfestspiele*) est organisé depuis 2000.

Immeubles d'habitation
(Alte Potsdamer Straße/Voxstraße)
Architectes : Ulrike Lauber / Wolfram Wöhr, Munich

Les bâtiments revêtus de dalles en terre cuite rouge et se regroupant autour d'une cour intérieure occupent un terrain en triangle. Les deux derniers étages (lofts) se trouvent en retrait par rapport à l'alignement de la rue.

Hôtel Grand Hyatt
(Marlene-Dietrich-Platz 2)
Architecte : José Rafael Moneo, Madrid 1996-98

En tant que bloc compact, l'édifice de la chaîne d'hôtels de luxe américaine se distingue nettement, avec sa façade en grès, de la construction voisine. Les murs extérieurs lisses possèdent des fenêtres régulièrement alignées.

Centrale de Mercedes Benz
(Potsdamer Straße 7)
Architecte : José Rafael Moneo,
Madrid 1995-98

Le côté du bâtiment en grès jaune de la centrale Mercedes Benz qui donne sur Potsdamer Straße se dissout en grande partie dans une façade en verre. Celle-ci permet d'avoir vue sur l'atrium. En direction du Kulturforum, l'édifice se rajeunit pour donner l'impression d'une haute tour étroite.

Cinéma Cinemaxx
(photo de droite)
(Neue Potsdamer Straße)
Architectes : Ulrike Lauber ;
Wolfram Wöhr,
Munich 1996-98

Le cinéma de cinq étages, doté de 19 salles de projection pouvant accueillir 3.500 spectateurs s'intègre bien dans la couleur des dalles en terre cuite de la construction voisine.

Aire de Sony sur la Potsdamer Platz
(Potsdamer Platz/Bellevuestraße)
Architectes : Helmut Jahn, Murphy / Jahn Architects, Chicago 1996-2000

Le Sony Center fait partie des nouveaux quartiers de construction les plus impressionnants de Berlin. Il se dresse sur la zone située entre Potsdamer Straße et Bellevuestraße. Offrant un contraste saisissant avec l'aire de DaimlerChrysler d'une conception différente avec ses parties individuelles signées par divers architectes, le Sony Center présente une architecture transparente en acier et en verre réalisée selon le concept général d'un seul architecte et se composant de huit éléments de construction. Les bâtiments vitrés se regroupent autour d'un grand "forum" ovale (la Sony Plaza) avec des cafés, des restaurants, des boutiques et des cinémas. Il est couronné par un seul toit vitré en bâtière. Il s'agit là d'une construction inclinée en fil et barres d'acier qui semble flotter pour ainsi dire sur la place. Le toit est une réalisation d'ingénierie de première qualité et s'intègre étonnamment bien dans le paysage des toits du Kulturforum voisin avec les édifices de la Bibliothèque Nationale (*Staatsbibliothek*) et de la Philharmonie. La partie donnant sur Potsdamer Platz présente un gratte-ciel vitré au +tracé en forme de demi-cercle ; avec une hauteur de 103 mètres et 26 étages de bureaux, il s'agit de la plus haute construction de la Postdamer Platz. La "Kaisersaal" (salle de l'empereur) de l'ancien hôtel de luxe, l'Esplanade – l'une des rares ruines de la zone de la Postdamer Platz ayant survécu à la guerre –, a été intégrée dans la nouvelle construction en verre (voir p. 97, photo du haut). Elle a été déplacée de 75 mètres en 1996 au moyen d'un système hydraulique au cours d'une opération spectaculaire. A cet effet, 1300 tonnes ont été bougées.

IMAX

Kinos
IMAX 3D

Helmut Jahn

L'architecte germano-américain Helmut Jahn est l'un des architectes les plus célèbres des Etats-Unis, mais aussi l'un des architectes contemporains les plus renommés d'Allemagne depuis l'érection de la tour du site des expositions de Francfort (1993) ("Turmvater Jahn"). Avec ses projets à Berlin – la maison de Kurfürstendamm 70 (1994, cf. p. 143), le Sony Center sur la Potsdamer Platz (1996-2000), le Kurfürstendamm 119 (1996, cf. p. 143) et la haute tour Viktoria dans le Kranzlereck (1999-2000, cf. p. 139) – il a réalisé quelques uns des édifices les plus spectaculaires de la capitale. Né en 1940 à Nuremberg, il fait ses études à l'université technique de Munich et travaille depuis 1967 dans le bureau de C. F. Murphy Associates, devenu en 1982 le bureau "Murphy / Jahn". Helmut Jahn est l'un des maîtres du type de constructions en acier et en verre. Ses réalisations ne sont pas seulement d'une qualité conceptuelle excellente, mais également d'une grande innovation technique. Jahn ose toujours frôler les limites des possibilités en matière de construction, comme il l'a par exemple fait avec le Sony Center.

ci-dessus : la Kaisersaal de l'ancien hôtel de luxe, l'Esplanade, intégrée dans le Sony Center

ci-contre : la tour Sony

ce-dessous : effet de lumière artificielle

Colonnades du parc (*Park Kolonnaden*)
(Potsdamer Platz/Köthener Straße)
Architectes : Giorgio Grassi,
Milan ; Schweger & Partner,
Hambourg / Berlin ; Diener & Diener, Bâle ; Jürgen
Sawade, Berlin
1996-2001

La rangée de l'aire DaimlerChrysler, coupée par un large parc en longueur, se compose de quatre édifices en brique de sept ou huit étages chacun avec des toits plats verdoyants et un bâtiment de proue donnant sur la Potsdamer Platz. Les trois immeubles de bureaux du milieu ont été érigés par Grassi et Sawade selon un tracé en H, tandis que l'immeuble d'habitation de derrière construit par Diener & Diener présente une forme en U. Un passage relie les différents bâtiments avec l'édifice de tête réalisé par Schweger + Partner dont la situation, la forme et la hauteur le font ressortir. Ce bâtiment tout en verre rappelle la forme arrondie de l'édifice d'avant-guerre "Haus Vaterland" (Maison de la Patrie), un établissement de plaisir très renommé à l'époque et qui avait été érigé en 1911-12 selon les plans de Franz Schwechter. Sa façade en verre arrondie fait en outre écho à la tour de verre du gratte-ciel de Sony sur la Potsdamer Platz.

Ritz Carlton de Berlin
(Potsdamer Platz 4)
Architecte: Hilmer + Sattler + Albrecht
2003–2004

De par la conception de sa façade et sa division en plusieurs paliers, ce grand bâtiment de 19 étages s'inspire de l'architecture américaine des gratte-ciel en vigueur au cours des années 20 du vingtième siècle.

Maison Delbrück
(Potsdamer Platz 5)
Architecte: Hans Kollhoff
2002–2003

Ce haut édifice de 69 mètres borde le côté nord de la Potsdamer Platz et s'inspire de l'architecture américaine des gratte-ciel en vigueur dans les grandes villes des Etats-Unis au cours de la première moitié du vingtième siècle.

Immeuble de bureaux
(Stresemannstraße 111)
Architectes : Alsop & Strömer, Hambourg / Londres
1993-94

Situé en face du Martin-Gropius-Bau (édifice Martin Gropius), ces deux bâtiments finissent la rangée de blocs de la Stresemannstraße, non loin de la Potsdamer Platz. Les façades se distinguent de celles des autres constructions récentes de par leur conception en métal et en verre, luisant de mille feux dans différents tons de bleu. Les solutions retenues dans les parties des angles aigus sont particulièrement intéressantes.

Cour d'habitation
(Stresemannstraße)
Architecte : Zaha Hadid
1993-94

L'ancienne étudiante de l'Architectural Association School de Londres, l'architecte britannique d'origine iranienne Zaha Hadid, est connue pour ses réalisations peu orthodoxes avec ses surfaces murales et vitrées inclinées. Le contour de l'édifice – rappelant un peu celui du Musée juif (*Jüdisches Museum*) de Libeskind – est façonné en une sculpture habitable. On retrouve celle-ci dans la forme aiguë des bâtiments qui forment l'angle de Stresemannstraße et de Dessauer Straße. L'architecte utilise avec habileté les surfaces

„Topographie des Terrors" (Topographie de la Terreur)
(Stresemannstraße 110)
Architecte : Ursula Wilms, 2007–2009
Commencé en 1997

Ursula Wilms a réalisé les plans du centre de documentation et de rencontre de la fondation „Topographie des Terrors" qui se dresse sur le terrain situé derrière le Martin-Gropius-Bau. Au croisement de Stresemannstraße, Niederkirchner (anciennement Prinz-Albrecht-Straße), Wilhelmstraße et Anhalterstraße, ce terrain abrita de 1933 à 1945, le centre de commandement du régime de terreur nazi, c'est-à-dire des SS, des SA, de l'office général de sécurité du Reich (*Reichssicherheitshauptamt*) et de la Gestapo. Les caves des cuisines sont tout ce qui reste de ces édifices, lesquelles sont aujourd'hui couvertes par murales différemment inclinées les unes par rapport aux autres et qui se repoussent mutuellement selon le point de vue de l'observateur. Le bâtiment à huit étages est revêtu de plaques métalliques couleur bronze suscitant des effets de lumière toujours changeants. la „Gebäudehülle" (enveloppe du bâtiment), une construction en tiges de béton longue de 120 mètres et haute de 22 mètres.

Leipziger Platz 1–6, Architectes: Müller & Reimann, 2001–06

Tempodrom
(Parc de l'ancienne Anhalter Bahnhof/
Askanischer Platz)
Architectes: gmp (von Gerkan, Marg & Partner), Hambourg
2001–02

Sur le terrain de l'ancienne Anhalter Bahnhof se dresse la construction en forme de tente destinée à la musique et au théâtre alternatifs. L'installation se compose de deux arènes abritant respectivement 3.000 et 500 places.

Willy-Brandt-Haus (Maison Willy Brandt)
(Siège fédéral du SPD)
(Wilhelmstraße 140-141, Stresemannstraße 28)
Architecte : Helge Bofinger & Partner, Wiesbaden / Berlin
1993-96

Les plans de cette maison construite sur un terrain triangulaire et située en plein milieu d'une bifurcation remontent en réalité à 1983. A l'intérieur se trouve un atrium reprenant le tracé triangulaire du terrain.

Tribunal des affaires matrimoniales (*Familiengericht*)
(Hallesches Ufer 62-64)
Architecte : Oswald Mathias Ungers & Partner GmbH, Berlin
1993-95

Le nouvel édifice du tribunal qui prolonge une ancienne construction de la Möckernstraße, est une réalisation typique de l'architecte Ungers de Cologne dont les constructions déclinent toujours jusqu'au moindre détail les variations géométriques du carré. C'est ainsi que, par exemple, les baies carrées des fenêtres comportent plusieurs vitres carrées. Le bloc central du bâtiment se compose d'un cube légèrement dévié de son axe. La sculpture géométrique de l'artiste américain Sol Le Witt devant le bâtiment reprend les formes architecturales d'Unkers.

Musée allemand des transports et techniques de Berlin (*Deutsches Technikmuseum Berlin*)
(Trebbiner Straße 10-15 ; Tempelhofer Ufer)
Architectes : Ulrich Wolff, Helge Pitz, Berlin
1995-2001

Comme dans un décor de théâtre époustouflant, la façade de l'entrée tout en verre donnant sur Tempelhofer Ufer est surplombée d'un avion venant à la rencontre du visiteur, un "Rosinenbomber" du blocus de Berlin de 1948-49. A côté de celui de Munich (*Deutsches Museum*), le musée des transports et techniques de Berlin, dans lequel se trouvent également des archives et une bibliothèque, est le plus grand et le plus important des musées de ce genre en Allemagne. Le nouveau bâtiment qui forme un ensemble avec l'ancien édifice et les constructions de la gare de marchandises Anhalter Bahnhof intégrées dans le musée, est considéré comme l'un des plus gros projets de musée de la ville. Il enrichit le "Kulturforum technique" de Gleisdreieck des domaines de la navigation et de la construction aérienne. Conformément à son utilisation, le nouvel édifice est une construction à faible consommation d'énergie remplie d'innovations techniques. Pour des raisons didactiques, la technique de construction ainsi que les éléments porteurs sont visibles. C'est ainsi que s'expliquent l'abondance des saillies et des renfoncements de l'architecture, les différents matériaux et formes de construction, la mise en avant des éléments constructifs ainsi que l'alternance répétée des éléments porteurset transparents de la construction.

Immeubles de bureaux de la société BVG
(Tempelhofer Ufer 30)
Architecte : Joachim Ganz, Berlin
1997-99

L'immeuble de bureaux intègre le transport ferroviaire du réseau express régional (*S-Bahn*) entre Möckernbrücke et Gleisdreieck. La façade principale avec son atrium en verre donne sur le Landwehrkanal.

Musée juif (Jüdisches Museum)
(Lindenstraße 14, Berlin-Kreuzberg)
Architecte : Daniel Libeskind
1992-99

C'est l'architecte Libeskind qui remporta en 1988, parmi 165 concurrents, le concours pour la réalisation d'un musée juif sur le terrain attenant au Berlin Museum. Après clarification du financement, la première pierre fut posée le 9 novembre 1992. Les pièces intérieures sont achevées depuis février 1999. En septembre 2001, l'inauguration du musée, des archives et de la bibliothèque fut fêtée en grande pompe, assombrie toutefois par les événements de New York. La construction est une grande sculpture que l'on peut parcourir, une architecture tout en symboles et en signes. Le contour de l'édifice possède la forme d'un éclair dont le caractère irrationnel est renforcé par le revêtement en zinc argent étincelant. La dynamique et l'agressivité de cette structure maintes fois brisée sont encore davantage renforcées par les fentes vi-

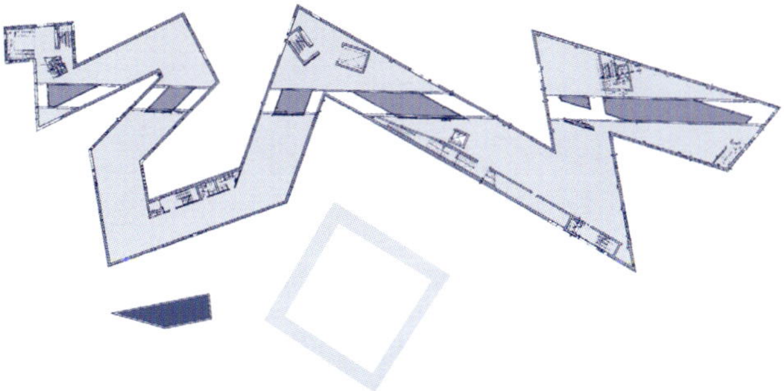

trées et les échancrures pratiquées dans le revêtement écaillé en tôle qui donne l'impression de fissures. Au départ, Libeskind avait même prévu d'incliner les parois extérieures de la partie arrière de "l'éclair" en pierre. Cette idée ne se concrétisa cependant pas pour des raisons financières. Les façades abritent dix mille mètres carrés de pièces intérieures réparties sur cinq étages. Tout comme l'extérieur, l'intérieur ne rappelle en rien un musée. Au contraire, les pièces à l'ambiance spectrale sont toutes tortueuses, offrent sans cesse de nouveaux angles de vue et alternent entre grandes salles, petites pièces et corridors. La construction en labyrinthe a pour but de faire revivre l'histoire et les pertes du passé. C'est pourquoi, cette construction, à l'effet apocalyptique, peut aussi être interprétée comme une étoile de David brisée, tout en longueur. L'intérieur de l'édifice se divise en trois axes différents qui font directement référence à l'histoire du peuple juif. Ces axes sont interprétés comme formant les trois "chemins de la destinée" : un chemin mène dans l'impasse de la "tour de l'holocauste" qui abrite derrière une lourde porte en fer une oubliette froide et sombre de vingt mètres de hauteur et qui rappelle les chambres mortuaires des tombes des temples égyptiens. Le second chemin mène dans les "jardins d'E.T.A. Hoffmann" qui symbolisent avec leurs 49 stèles en béton entourées d'arbres la fuite dans l'exil. Avec leurs plaques obliques, les stèles sont inclinées ce qui donne brutalement l'impression, lorsqu'on pénètre dans le jardin, que les alentours ne sont pas d'aplomb.
Le troisième chemin, le chemin de la vie et de la symbiose germano-juive, est un escalier qui mène aux étages d'exposition. Le visiteur peut voir au-dessus de sa tête des étais transversaux et des poutres donnant l'impression de tomber, éléments qui toutefois selon le vœu de Libeskind restent limités. A tous les étages, on passe dans des salles vides sans

fonction sur les murs desquelles auraient dû être inscrits au départ les noms des Juifs assassinés, à l'instar de chambres funéraires. Mais une telle précision aurait attribué à ces pièces vides une fonction de réflexion et aurait ainsi nui à la richesse d'associations qui caractérise l'architecture de ce bâtiment. Libeskind déclare avoir créé, avec son réseau de lignes de référence, une partie imaginaire de l'archéologie de la ville qui rappelle les anciennesrésidences de Juifs berlinois.

Daniel Libeskind

Né en 1946 à Lodz en Pologne, Libeskind a étudié l'art et la musique à Tel Aviv et l'archi-tecture à New York et Essex en Angleterre. Sa famille émigra en 1957 vers Israël et en 1960 aux Etats-Unis. En 1989, il vient s'installer à Berlin. Avec le Musée juif de Berlin, il crée son premier grand monument et signe en même temps un chef-d'œuvre de la fin du 20ème siècle. De façon plus décidée que ses c ollègues, il voit dans la conception et l'architecture un acte artistique. Il recherche un maximum d'autonomie dans l'architecture qu'il combine comme si cela était évident avec l'histoire, la littérature et la philosophie.

p 116: *Musée juif, escaliers*

Extension de l'imprimerie fédérale (*Bundesdruckerei*)
(Kommandantenstraße 15)
Architectes : BHHS & Partner
(Bayerer, Hanson, Heidenreich, Marinez, Schuster), Berlin
1993-97

A l'emplacement où se trouvait auparavant le mur de Berlin se dresse désormais cette nouvelle construction avec de grandes superficies vitrées qui permettent de voir à partir de la rue l'intérieur de l'imprimerie où sont imprimés les timbres-postes, les billets de banque, les cartes d'identité et les valeurs mobilières. L'entrée est tout particulièrement intéressante avec sa forme en prisme triangulaire.

Complexe de bureaux et d'habitation de Spittelmarkt
(Spittelmarkt, Beuthstraße, Seydelstraße)
Architectes : Zaha Hadid (pré-projet), HPP Hentrich-Petschnigg & Partner, HDS & Gallagher, Dieter W. Schneider & Partner
1996-98

L'édifice le plus marquant de Spittelmarkt est la haute tour de 22 étages qui, avec ses grandes superficies en verre et surtout les deux étages en retrait au milieu, se détache positivement des deux fines tours voisines bordant la Leipziger Straße qui datent du temps de la R.D.A. La tentative de poursuivre de façon rythmique l'architecture des gratte-ciel de la Leipziger Straße et en même temps de combiner l'édifice avec le nouveau concept de construction de blocs alignés sur la rue est tout à ait remarquable.

Cinéma Cubix
(Alexanderplatz))
Architectes: Sergei Tchoban, nps tchoban voss Architekten BDA, Berlin
2000–2001

Sur une surface de 37 x 46 mètres, le cinéma Cubix propose neuf salles de cinéma réparties sur quatre étages et pouvant accueillir 2400 spectateurs. La façade est revêtue de plaques de granit noires et est interrompue par de larges bandes de fenêtre horizontales entourant les angles de l'édifice.

Ambassade du royaume des Pays-Bas
(Klosterstraße 49–50)
Architecte: Rem Koolhaas
2000–2003

C'est directement sur la Spree que se situe le complexe de l'ambassade dont la forme rappelle celle d'un cube.

Le Trias
(Holzmarktstraße 15-18)
Architectes : Beringer & Wawrik (Lucia Beringer et Günther Wawrik), Munich
1994-96

Avec sa silhouette marquante, l'immeuble de bureaux et de commerces le "Trias", situé à côté de la station *S-Bahn* de Jannowitzbrücke, est l'une des nouvelles constructions les plus célèbres de la partie est de Berlin. Les hautes tours étroites qui donnent sur la Spree et dont le tracé se présente en forme de U ou de V s'effilent de plus en plus en direction du fleuve. Avec les motifs en arc du mur de briques rouges de la ligne *S-Bahn* qui suit le cours de la Spree en-dessous des trois tours (construction du 19ème siècle), un paysage tout à fait caractéristique, au reflet aquatique, s'offre aux yeux du promeneur de l'autre rive. Les tours hautes de 13 étages sont reliées entre elles sur l'arrière par un bâtiment de six étages avec toit surélevé donnant sur Holzmarktstraße, dont les deux étages supérieurs se détachent du reste en une forme légèrement bombée.

FIAT
Autohaus HEUER

Centre allemand d'architecture
(*Deutsches Architektur Zentrum*)
(Köpenicker Straße 48-49)
Architectes : Claus Anderhalten, Berlin ;
Assmann, Salomon & Scheidt
1994-96

Le centre allemand d'architecture (DAZ) et la fédération nationale des architectes allemands (*Bund Deutscher Architekten*, BDA) occupent depuis 1985 l'ancienne fabrique de construction de machines Stock, un édifice en brique de 1903. De nombreux ateliers loués à des architectes, des designers et des artistes ont été créés dans ce bâtiment transformé et agrandi. La combinaison de la construction historique en brique et de la construction moderne en acier et en verre a été fort agréablement résolue.

Centrale des exploitations des eaux berlinoises (*Unternehmenszentrale der Berliner Wasserbetriebe*)
(Siège de la société Berlin Wasser Holding AG)
(Stralauer Straße 32-41/Rolandufer)
Architectes : maisons I et II : Joachim Ganz, Berlin ; maison III : Christoph Langhof avec Thomas Hänni et Alfons Wening
1997-2000

Formant un contraste saisissant avec le bâtiment baroque voisin, le Palais Schwerin sur Molkenmarkt, la maison III de Langhof est directement contiguë au Palais et reprend ses proportions en matière de hauteur du toit et des étages et en matière de dimension des fenêtres. Mais au niveau des matériaux et du langage architectural, le nouvel édifice est complètement diffé-

rent. Ainsi, ce bâtiment à cinq étages en béton armé, qui donne sur Molkenmarkt, est revêtu de zinc au titanium et présente des formes en losange. De par la forme arrondie de l'édifice et son matériau unique, le toit et le mur se fondent en une surface d'où les fenêtres se détachent. La façade se compose de pierres artificielles brisées en forme de prisme et couleur granit, dont l'emprunt à l'expressionnisme et au cubisme, pour ne pas dire à l'architecture anthroposophique de Rudolf Steiner, se remarque bien. Les imposants blocs de bureaux I et II de Joachim Ganz intègrent un édifice situé dans Rolandufer en date de l'époque de l'historisme. La zone d'entrée de la maison I qui s'étale sur trois étages se détache en formant trois vagues – un clin d'œil rappelant la fonction des exploitations des eaux. De même, les trois rangées de fenêtres aux troisième et cinquième étages présentent, en partie, des surfaces vitrées ondulées.

Pinacothèque (*Gemäldegalerie*)
(Matthäikirchplatz 8)
Architectes : Hilmer & Sattler avec
R. Albrecht, Berlin / Munich 1992-98

Ce nouvel édifice qui abrite une collection internationale de tableaux impressionnante, a été construit entre 1992 et 1998 selon les plans de Hilmer & Sattler à qui avaient déjà été confiée la transformation du Kulturforum à partir de 1988. Cela ne put se faire que parce que, le Musée d'arts décoratifs (*Kunstgewerbemuseum*) érigé entre 1978 et 1985 par Rolf Gutbrod ayant suscité de nombreuses critiques, la réalisation de la Bibliothèque des Beaux-Arts et de la "Piazetta" commencée par Gutrod dut être achevée par d'autres architectes. Contrairement à la Philharmonie ou à la Bibliothèque Nationale *Staatsbibliothek*) de Hans Scharoun, la pinacothèque se caractérise dans son architecture extérieure par des formes de construction fort calmes. A l'opposé des concepts urbains des années 1950 et 1960, qui aspiraient à une construction aérée des bâtiments, comme cela fut réalisé au Kulturforum à Berlin-Ouest, le concept historique d'un espace urbain fermé, tel que le défend le système de blocs de construction alignés sur les rues, est revenu sur le devant de la

scène avec la réalisation de la pinacothèque. Au-dessus d'un socle en carrés gris à la surface diamantée, les façades sont revêtues de grandes plaques en grès posées sur de larges joints, dont les différences naturelles de couleur sont mises en valeur. La connexion au hall d'entrée que la pinacothèque se partage avec les autres édifices du Kulturforum, s'effectue via un vestibule rond surmonté d'une coupole en pavés de verre, dont les formes hexagonales s'encastrent les unes dans les autres. Suit un vaste hall de trois couloirs séparés par deux séries de colonnes (où est exposée la sculpture "5 – 7 – 9" de Walter de Maria) d'où partent enfin les salles et les cabinets.

Fondation Konrad Adenauer (*Konrad-Adenauer-Stiftung*)
(Tiergartenstraße 35)
Architectes : Thomas van den Valentyn et Anja Zeisner, Cologne
1996-98

L'édifice des réunions et des manifestations de la fondation Konrad Adenauer ne se trouve qu'à quelques mètres du bureau fédéral du CDU. Ce cube en grès comporte au dernier étage une rangée ininterrompue de fenêtres pour les bureaux ainsi qu'un grand toit en terrasse au-dessus de la zone d'entrée et constitue le commencement nord-ouest du quartier diplomatique. Un immeuble de bureaux donnant sur Klingelhöferstraße le complètera à l'avenir.

Délégation de la ville hanséatique libre de Brême (*Landesvertretung Freie Hansestadt Bremen*)
(Hiroshimastraße/Reichspietschufer)
Architectes : Hilde Léon et Konrad Wohlhage, Berlin
1998-99

La délégation de Brême est la première des délégations des Länder à avoir été terminée. On remarque tout de suite la couleur rouge de ses murs ainsi que les deux bâtiments qui la composent : 1. le bâtiment administratif abritant aussi la représentation de la *Kanzlei* et 2. la tour de sept étages à la superficie nettement plus réduite pour les appartements des invités.

ci-dessus : fondation Konrad Adenauer

ci-dessous : délégation de la ville hanséatique libre de Brême

Ambassade de l'Inde (Tiergartenstraße 16-17)
Architecte : Léon Wohlhage Wernik, Berlin, 1999-2001

Cet édifice étroit à cinq étages dispose d'un atrium circulaire dans le bâtiment de tête donnant sur Tiergartenstraße, ainsi que d'une cour dans la partie arrière au sein de laquelle se trouve un bâtiment cylindrique abritant le bureau de l'ambassadeur. La cour se termine au sud par un grand perron qui mène sur les jardins du toit. Du grès en provenance d'Inde a été utilisé pour la réalisation de la façade qui se caractérise par son alternance d'encoches, d'ouvertures et de fenêtres.

Ambassade de la République d'Autriche
(Tiergartenstraße 12-14/Stauffenbergstraße 1-3)
Architecte : Hans Hollein, Vienne
1999-2001

L'ambassade d'Autriche, située sur le terrain en angle du quartier diplomatique, non loin de son ancien emplacement, appartient aux ambassades les plus spectaculaires de Berlin. L'extravagant complexe se compose de trois constructions s'emboîtant les unes dans les autres et se différenciant toutes du point de vue architectonique et fonctionnel: le bâtiment du consulat se trouve dans la Stauffenbergstraße et son entrée est surmontée d'un toit suspendu. De ce bâtiment plutôt commun se détache le second édifice donnant sur Tiergartenstraße et revêtu de plaques de cuivre. Il se caractérise avant tout par son toit courbé (sur le modèle des édifices de Dornach de Rudolf Steiner ou de Notre-Dame-du-Haut de Le Corbusier) ainsi que par ses rangées de fenêtres horizontales. Avec son hall ovale représentatif, il sert aux réceptions et aux cérémonies. La partie arrière du complexe dont les formes architecturales reprennent le style moderne classique des années 1920 contient la résidence de l'ambassadeur.

Ambassade du Japon
(Tiergartenstraße 24-25)
Architectes pour le nouvel édifice : Ryohei Amemiya,
Tokyo, avec HPP, Berlin
1998-2000

Le bâtiment de l'ambassade du Japon de 1940 (construit selon les plans de Ludwig Moshamers) a été en grande partie démoli et reconstruit en 1988, ayant été inutilisé depuis la guerre du fait de son endommagement. Le nouvel édifice qui prolonge l'ancien bâtiment reprend les formes et le matériau de construction de son prédécesseur. La modernité de l'ambassade est avant tout transmise par le bâtiment en ellipse du service des visas, donnant sur Hiroshimastraße.

Centre de séminaire de la fondation Friedrich Ebert (*Friedrich-Ebert-Stiftung*)
(Hiroshimastraße 17-25)
Architectes : Fritz Novotny, Arthur Mähner ; Volkhard Weber
1997-99

La partie centrale du complexe érigé en brique foncée forme une zone de conférences et d'expositions circulaire pouvant accueillir 250 à 500 personnes. Elle présente sur le côté sud une façade en verre.

Délégation du Land du Bade Wurtemberg (*Baden-Württemberg*)
(Tiergartenstraße 15)
Architectes : Dietrich Bangert, Berlin
1998-2000

Cette délégation se présente sous la forme d'un édifice compact et rectangulaire et respecte exactement la règle de la hauteur des gouttières à 16 mètres, qui s'applique dans le quartier du Tiergarten. La zone d'entrée se renfonce sur toute sa largeur dans la façade pour adopter une forme angulaire.

CDU

Bureau fédéral du CDU
(Klingelhöferstraße/Cornelius-straße)
Architectes : Petzinka, Pink und Partner, Düsseldorf
1998-2000

La plus éminente place du triangle de Tiergarten est occupée par ce haut bâtiment : le bureau fédéral du CDU. Il se compose d'un hall tout en verre dans lequel s'insère une construction massive érigée selon un tracé lenticulaire. L'édifice intérieur prend la forme d'une coque de bateau renversée et dépasse de deux étages son "enveloppe" de verre qui fait fonction de jardin d'hiver. 150 personnes travaillent dans ce bâtiment.

ci-dessous : ambassade des Etats-Unis du Mexique (description p. 132)

Ambassade des Etats-Unis du Mexique
(Klingelhöferstraße 3, Rauchstraße 27)
Architectes : Teodore González de León, J. Francisco Serrano, Mexico Ville
1999-2000

Les façades hautes de 18 mètres sont caractérisées par deux murs de lamelles qui éclipsent en partie l'entrée tout en l'accentuant. Lorsqu'on s'approche de plus près, on reconnaît le matériau dans lequel les lamelles sont faites, à savoir du béton avec des morceaux de marbre ciselés en saillie. Entre les lamelles, les parois en verre permettent de jeter un coup d'œil à l'intérieur. De loin, on peut voir les fines barres de béton se déplacer, selon le point de vue de l'observateur.

Le triangle de Tiergarten
(*Tiergarten-Dreieck*)

Entre le quartier diplomatique et la City West se trouve le triangle de Tiergarten (Klingenhöferstraße / Corneliusstraße / Stülerstraße / Rauchstraße). Cette zone a été créée entre 1998 et 2000 par onze architectes, autour d'un espace vert central où des constructions alignées se dressent avec notamment des ambassades, des immeubles d'habitation, d'associations et de commerce. La hauteur des édifices s'élève uniformément à 18 mètres, à l'exception du léger surplomb formé par le bâtiment intérieur lenticulaire du CDU.

Immeubles commerciaux
(Klingelhöferstraße)
Architectes : S. M. Oreyzi, Cologne ; Petzinka, Pink und Partner, Düsseldorf ; Gesine Weinmiller, Berlin ; Moore Ruble Yudell, Santa Monica ; Büttner-Neumann-Braun, Berlin
1998-2000

Les quatre immeubles qui se situent le long de Klingelhöferstraße entre le bureau fédéral du CDU et l'ambassade mexicaine ont été réalisés par quatre bureaux d'architecte différents. Tous ces immeubles présentent la même hauteur de gouttière à 18 mètres. En revanche, ils se distinguent les uns des autres via l'utilisation de différents matériaux de construction – surfaces de verre et revêtement en grès. Les solutions retenues dans la zone des angles aigus et obtus sont tout particulièrement intéressantes.

Ambassades des pays nordiques
(Rauchstraße 1)
Architectes : Alfred Berger et Tiina Parkkinen, Vienne (pour le concept général et le bâtiment communautaire); Nielsen, Nielsen & Nielsen, Arhus (ambassade du Danemark); VIIVA Arkkitehtuuri Oy, Helsinki (ambassade de la Finlande); Pälmar Kristmundson, Reykjavik (ambassade d'Islande); SnØhetta as, Oslo (ambassade de Norvège); Wingårdh Arkitektkontor AB, Göteborg (ambassade de Suède).

Les ambassades des pays nordiques font partie des nouveaux complexes de construction les plus intéressants de Berlin. A côté de l'architecture peu commune, la décision des cinq pays scandinaves (le Danemark, la Finlande, l'Islande, la Norvège et la Suède) de se regrouper dans une installation commune est tout à fait remarquable. Ils ont choisi comme emplacement la pointe nordique (!) du triangle de Tiergarten. Après un concours à l'échelle européenne au cours duquel plus de 200 projets furent soumis, le concept général a finalement été élaboré par le bureau d'architectes austro-finlandais Berger & Parkinnen. Les architectes ont entouré le complexe des ambassades le long de Klingelhöferstraße et de Stülerstraße d'une barrière de lamelles en cuivre haute de 16 mètres. La position des différentes ambassades les unes par rapport aux autres correspond à peu près à la situation géographique des pays : au sud-ouest se dresse l'ambassade danoise, à l'ouest l'ambassade de l'Islande, au nord-ouest celle de la Norvège, au nord-est celle de la Suède et au sud-est celle de la Finlande. L'édifice communautaire au sud, accessible au public, sert de salle de réception, de conférences et d'expositions. La magnifique partie extérieure tire son charme de sa structure en béton au revêtement de bois dans lequel de fines bandes vitrées s'insèrent. Les cinq bâtiments des consulats ont été réalisés chacun par des ar-

chitectes en provenance des pays concernés. Les matériaux de construction typiques de ces pays ont été utilisés, comme par exemple une lourde plaque de granit de 120 tonnes, haute de 15 mètres, en provenance de Norvège pour la façade de l'ambassade de ce pays.

Institut allemand de normalisation (*Deutsches Institut für Normung*)
(Budapester Straße 41)
Architectes : Johannes Heinrich, Berlin
1997-99

L'institut allemand de normalisation (DIN en allemand) a été prolongé par un bâtiment donnant sur Budapester Straße, qui se caractérise par sa construction transversale en forme de tour, quelque peu en saillie par rapport à la façade.

Immeuble d'habitation et de commerces
(Tauentzienstraße 7 b/c)
Architectes : Eller + Eller, Düsseldorf
1996-99

Bien en vue à côté de l'Europa-Center, se dresse ce bâtiment d'angle cubique à neuf étages, signé par les architectes Eller + Eller. Il s'aligne certes sur la hauteur des gouttières de la construction voisine, mais s'en distingue avec des éléments verticaux comme les encorbellements des fenêtres. Avec ses étages inférieurs vitrés formant une grande vitrine et ses encorbellements, la façade présente en outre une conception fort sculpturale.

Centre commercial Peek & Cloppenburg
(Tauentzienstraße 19)
Architectes : Gottfried Böhm, Peter Böhm, 1994-96

La famille d'architectes Böhm de Cologne a été rendue célèbre par ses églises modernes en Rhénanie. Ils surprennent donc avec la réalisation d'un centre commercial de l'habillement dans la Tauentzienstraße, l'une des zones de Berlin faisant le plus de chiffre d'affaires.
L'architecture unique en son genre se compose d'éléments porteurs extérieurs constitués de piliers et d'étais en béton et dessinant un toit en croupe, afin de s'aligner sur l'architecture de la construction voisine. Le bâtiment en tant que tel présente une façade en verre, laquelle est recouverte d'une seconde couche de verre qui s'incline à partir du milieu pour former un auvent venant s'insérer entre les piliers en béton. Cet auvent vitré se courbe comme les plis d'une robe et fait ainsi référence, véritable architecture "parlante", aux produits textiles vendus dans ce centre.

Salamander-Haus
(Tauentzienstraße 15/Marburger Straße)
Architectes : gmp (von Gerkan, Marg & Partner), Hambourg 1997

L'édifice fait surtout de l'effet grâce à sa façade transparente. Comme deux autres bâtiments d'angle réalisés par ce bureau d'architectes, l'angle est souligné par une construction en forme de tour – ici une construction avec le logo de la société.

Banque Löbbecke
(Fasanenstraße 76-77)
Architecte : Wolf-Rüdiger Borchardt, Berlin 1992-96

C'est l'artiste Mona Fux qui a réalisé le concept du pont légèrement en arc reliant le bâtiment circulaire à l'ancienne construction érigée en 1872-74.

Ku'damm-Eck (Kurfürstendamm 227-228/Joachimstaler Straße)
Architectes : gmp (von Gerkan, Marg & Partner), Hambourg, 1998-2001

Au cœur de la City West se dresse ce bâtiment de dix étages qui abrite un hôtel, un centre commercial et une galerie et qui répond à son environnement de par sa forme arrondie et ondulée.

Kranzlereck
(Kurfürstendamm)
Architectes : Murphy/Helmut Jahn
1997-2001

Entre Ku'damm et Bahnhof Zoo, sur ce qu'on appelle le Kranzlereck, se dresse le complexe de l'architecte germano-américain Helmut Jahn, complexe qui est dominé par un haut édifice tout en verre, étroit et en longueur, d'une hauteur de 50 mètres. Il prolonge un bâtiment plus petit des années 1950 abritant le légendaire café Kranzler. Ce nouvel édifice de verre n'a pas suscité que des louanges, mais il donne un nouvel accent à Kurfürstendamm de par ses dimensions et ses matériaux de construction – verre, acier et béton. Les extrémités transparentes à angle aigu de l'édifice sont tout particulièrement intéressantes.

Zoofenster (Hardenbergstraße/Joachimstaler Straße/ Kantstraße)
Architecte : Christoph Mäckler, Francfort-sur-le-Main / Berlin
2000-2004

Entre Bahnhof Zoo et l'église commémorative dédiée à Guillaume Ier (*Kaiser-Wilhelm-Gedächtniskirche*) se dresse ce haut édifice de 120 mètres comprenant des logements sur 37 étages.

Tour de Kant-Dreieck
(Kantstraße 155)
Architecte : Josef Paul Kleihues
1992-94

En face du Theater des Westens (Théâtre de l'Ouest), non loin de Bahnhof Zoo, ce complexe qui se compose d'un édifice angulaire à cinq étages et d'une haute tour de 36 mètres, se dresse sur un terrain carré (18 x 18 m) et présente un toit plat en bâtière où se trouve le fameux "Hahnenkamm", une immense girouette en tôle visible de loin.

Tour de Kant-Dreieck

Ludwig-Erhard-Haus (Bourse)
(Fasanenstraße 83)
Architectes : Nicholas Grimshaw & Partners, Londres / Berlin
1994-98

C'est sous le nom de "tatou" que l'expression populaire décrit la Ludwig-Erhard-Haus en se référant au tracé original de cette construction en acier et en verre. Car les 15 contreforts en acier de l'arche, qui forment la structure de base de la construction et montent jusqu'au milieu de l'édifice du fait de la largeur précaire du terrain, confèrent en effet l'impression d'un corps en mouvement recouvert d'écailles, notamment lorsqu'on le voit du ciel. Les contreforts forment un immense hall sans soutènement dans lequel les étages sont comme accrochés. Les façades s'ornent de détails techniques qui participent davantage au décor qu'à la construction elle-même. Le maître d'œuvre de cet édifice est la chambre d'industrie et de commerce de Berlin (*Berliner Industrie- und Handelskammer*) qui occupe elle aussi à côté de la bourse un centre de

prestations et de communication. Le Britannique Nicholas Grimshaw, né en 1939, préfère utiliser pour ses réalisations architecturales des nouveaux matériaux comme le verre, l'acier ou l'aluminium et essaye de combiner pensée d'ingénieur et construction harmonique. C'est d'ailleurs dans cet esprit qu'il a réalisé le fameux terminal de Waterloo à Londres (1993) pour le train Euro-Star du tunnel sous la Manche.

Colonnades de Leibniz (*Leibniz Kolonnaden*)
(Kantstraße 17-20/Uhlandstraße 9-11)
Architectes : Hans Kollhoff et Helga Timmermann, Berlin 1997-99

Avec leurs édifices dotés de cours intérieures, les colonnades de Leibniz confèrent un nouvel accent de grande ville au milieu de Charlottenburg. L'ensemble se compose de deux rangées en forme de U qui renferment une place rectangulaire entre Leibnizstraße et Wielandstraße. Le pavement de la place se poursuit au sein des colonnades. Les deux rangées d'édifices se divisent en plusieurs unités selon l'utilisation mixte qui en est faite (logements, bureaux, commerces, un hôtel et une maternelle), ce qui se remarque aussi dans la conception changeante des façades grises. Les différents bâtiments disposent également chacun d'une cour intérieure verdoyante. Le style de construction noble et sobre qui s'exprime jusque dans les moindres détails comme les lampes et les garnitures en laiton, est tout à fait caractéristique de ce couple d'architectes.

ci-dessus :
Ludwig-Erhard-Haus
(Bourse)
(voir aussi page précédente)

à droite :
colonnades de Leibniz

"Ku' 70"
(Kurfürstendamm 70)
Architecte : Helmut Jahn
1993-94

Bien en vue sur Adenauerplatz, le plus petit bâtiment de Berlin se dresse fièrement. C'est avec brio que Helmut Jahn a résolu la construction fort délicate de cet édifice. Car ce bâtiment haut de quelques 50 mètres se tient sur un terrain de seulement 2,5 mètres de large, résultat de l'élargissement de la rue et des démolitions des années 1970. L'architecte a ainsi réussi à obtenir à partir d'une superficie de base de 60 mètres carrés seulement une superficie intérieure de 800 mètres carrés au total, s'étageant sur 10 étages. Helmut Jahn a choisi une construction de verre et d'acier qui, dès le premier étage, fait saillie afin de doubler la largeur de base du terrain et de la faire passer à 5,5 mètres. Les étages supérieurs sont accentués par des angles et rebords raffinés et par l'arrondissement de l'édifice vers Kurfürstendamm. Le dernier étage avant le toit porte une enseigne publicitaire lumineuse. L'angle de l'édifice est couronné d'un mât.

Immeuble de bureaux et de commerces
(Kurfürstendamm 119)
Architecte : Helmut Jahn

L'élément de ce grand complexe de constructions qui capte le regard est l'édifice en forme de tour donnant sur Kurfürstendamm avec son toit métallique saillant et brisé. Contrairement aux autres œuvres réalisées par Jahn à Berlin, ce n'est pas le verre qui domine l'architecture, et les arêtes à angle aigu, typiques de son style, ne sont pas présentes ici. A la place, les blocs se manifestent tout en rondeur. Les rangées de fenêtres divisent l'ensemble en sections horizontales. Les fenêtres aux reflets bleus se trouvent sur le même plan que le matériau de revêtement blanc ou gris bleu. Les troisième, quatrième et cinquième étages font saillie sur la moitié de l'édifice circulaire grâce à leurs corniches.

Immeuble de bureaux de Halensee
(Halenseestraße/Kronprinzendamm)
Architectes : Hilde Léon et Konrad Wohlhage
1994-96

C'est sur un terrain étroit et au tracé en pointe situé directement à côté de l'autoroute que Hilde Léon (née en 1953) et Konrad Wohlhage (né en 1952) ont réalisé un nouvel immeuble de bureaux fort original et insonorisé. Sur un socle en granit se dresse – presque flottant et faisant une large saillie – un bâtiment lenticulaire tout en verre, de sept étages. Sa forme peu commune lui a valu le surnom de “citron”. La façade insonorisée se compose, à l'extérieur, de verre incassable et, à l'intérieur, de fenêtres isolées.
Entre ces deux parois se trouve une pièce intermédiaire de 84 cm de largeur dans laquelle on peut circuler.

Zone commerciale "Am Borsigturm"
(Berliner Straße, Berlin-Reinickendorf/Tegel)
Architectes : Gründerzentrum "Phönix" : Walter Rolfes + Partner, Berlin, 1995-97 ; Parc commercial : Rolfes + Partner, Berlin, 1997-98 ; Parc des bureaux / hôtel : Axel Schultes, Deubzer et König, Berlin, 1996-2002 ; Halles : Claude Vasconi, Paris, 1996-99

Autour de Borsigturm (1922-24) sont apparus, selon un concept élaboré par Vasconi (1994-95), de vastes immeubles d'habitation, de bureaux et de commerces, ayant intégré avec habileté les parties des édifices existants de Borsig. Derrière le bâtiment tout en longueur, en verre et en acier, qui a été réalisé par Vasconi le long de Berliner Straße (photo de droite en haut), se dressent les anciennes halles de Borsig (*Borsighallen*) qui ont été transformées en de vastes passages commerciaux (photo de gauche en haut). Des tours d'angle et des bandes horizontales en brique caractérisent le Gründerzentrum "Phönix" tandis que l'hôtel se distingue de par ses matériaux (verre et brique), les immeubles de bureaux entourant quant à eux Borsigturm (photo inférieure de gauche en haut).

Centre commercial de Ullstein-Haus
(Ullsteinstraße, Berlin-Tempelhof)
Architectes : Nalbach & Nalbach, Berlin, 1991-94

Le bâtiment de l'imprimerie érigé par Eugen Schmohl en 1925-26 pour le compte de la société Ullstein AG a été prolongé par trois tours en direction de la rue (avec des tours d'escaliers en plus) et par des halls commerciaux à cinq étages en direction du port. Les nouveaux édifices reprennent les proportions de l'ancienne construction dont ils se démarquent de par leurs pavés en béton colorés en rouge, en lieu et place des briques rouges.

Immeuble de bureaux et de commerces
(Schloßstraße 40, Berlin-Steglitz)
Architectes : Assmann, Salomon und Scheidt, Berlin 1991-92

Cet édifice se présente comme une grande sculpture sur la place centrale de Berlin-Steglitz. Le bâtiment aux trois côtés dégagés est construit en plusieurs niveaux qui se décalent les uns par rapport aux autres. Le centre est formé d'une construction en verre et en acier, entourée d'une mince paroi arrondie en béton, ce qui donne l'impression que le bâtiment en verre se détache par endroits.

Immeuble commercial "Galleria"
(Schloßstraße 101, Berlin-Steglitz)
Architectes : Quick, Bäckmann und Quick, Berlin, 1993-94

La façade en verre bombée, donnant sur Schloßstraße, forme la paroi visible du bâtiment.

Immeubles de bureaux (photo en bas)
(Carnotstraße 4-7, Berlin-Charlottenburg)
Architecte : Jürgen Sawade, Berlin, 1994-96

Les deux édifices à la conception identique et d'une grande recherche esthétique se dressent sur toute leur longueur le long de la rive de la Spree. Toutes les parties de ces bâtiments suivent le même modèle avec des fenêtres à barreaux horizontaux qui forment une sorte de grille sur le mur. L'architecte a consciemment renoncé à tout élément décoratif ou hiérarchique.

Hôtel Estrel Residence
(Sonnenallee 225, Berlin-Neukölln)
Architectes : Hennes + Tilemann, Bonn 1994-95

Le plus grand hôtel d'Allemagne possède une capacité de 1.100 chambres. Il occupe un grand bâtiment s'élevant pour certaines parties jusqu'à 18 étages, bâtiment qui est incliné dans sa partie donnant sur Sonnenallee et repose par certains endroits, au niveau du socle, sur des piliers d'une hauteur de deux étages. Du fait que le terrain forme un angle aigu en direction de la rue, le bâtiment adopte un tracé en pointe qui semble le faire flotter et est directement tourné vers l'observateur se trouvant sur Sonnenallee. L'architecture extérieure est peu spectaculaire du fait que les façades aux fenêtres uniformément réparties se différencient peu les unes des autres du point de vue architectonique. Seuls les auvents de l'entrée en acier et en verre et surtout l'alternance du matériau de revêtement en grès et en verre animent les façades.

Immeubles d'habitation et de commerces
(Brunnenstraße 111, Berlin-Wedding)
Architecte : Josef Paul Kleihues, Berlin
1995-98

Kleihues a aménagé la partie nord-est de l'aire AEG dans Brunnenstraße et a réalisé avec cette tour de 13 étages en forme d'amande une brillante performance architectonique.

Media Port (photo de droite en haut)
(Voltastraße 6, Berlin-Wedding)
Architecte : Josef Paul Kleihues, Berlin
1994-96

L'édifice de la Deutsche Welle est construit symétriquement en direction de la rue. Un bloc en brique vernissée haut de 45 mètres occupe le milieu de la construction et présente une façade aux fenêtres uniformément réparties.

Oberbaumbrücke
(Stralauer Allee/Oberbaumstraße, Berlin-Friedrichshain)
Architectes : Santiago Calatrava, Zurich ; König, Stief & Partner GmbH, Berlin
1992-95

Le pont de 1894-96 fut démoli en 1945 sur ordre d'Hitler avant d'être reconstruit par la suite, et la partie du milieu a été redessinée en 1992-95 selon les plans de Calatravas..

Hall Max Schmeling
(Friedrich-Ludwig-Jahn-Sportpark, Berlin-Prenzlauer Berg)
Architectes : Joppien Dietz Architekten, Berlin / Francfort-sur-le-Main 1993-96

A côté de l'ancienne ligne morte du mur de Berlin, un hall multi-fonctionnel devant servir de lieu de rencontre et d'activités sportives est apparu dans le parc des sports de Friedrich-Ludwig-Jahn. Il porte le nom du légendaire boxeur, Max Schmeling, et a été réalisé à l'occasion de la candidature de Berlin aux jeux olympiques 2000. Une grande partie de l'installation se trouve en-dessous de la colline, un monticule de ruines de la seconde guerre mondiale. Le hall se compose d'une arène principale de compétition (30 x 50 m) et de trois halls sportifs triples (de chacun 27 x 45 m) dans les parties latérales moins hautes du complexe. Le hall offre une capacité de 7.600 places assises et peut accueillir jusqu'à 10.000 visiteurs.

Oberbaum-City
(Warschauer Platz/Rotherstraße, Berlin-Friedrichshain)
Architectes : Schweger + Partner, Hambourg / Berlin ; Reichel & Stauth, Braunschweig; Schuh & Hurmer, Munich 1993-2001

Les bâtiments de l'ancienne société Deutsche Glühlicht AG (par la suite Osram et VEB Glühlampenwerk / Narva) ont été transformés en un centre commercial et de prestations de service moderne. La tour originale est une construction en verre et en acier de cinq étages.

Halls de natation et de sport cycliste (vélodrome)
Landsberger Allee, Paul-Heyse-Straße
Architecte : Dominique Perrault, Paris
1993-97

Le complexe sportif fut réalisé à l'occasion de la préparation de la candidature de Berlin pour les jeux olympiques de 2000. L'édifice carré se fond dans le paysage urbain jusqu'à pratiquement y disparaître du fait qu'il est construit sur un plateau planté de pommiers. La conception sans décor de l'extérieur du bâtiment en béton, verre et dalles d'acier luisant fait encore plus ressortir l'aspect imposant des locaux du hall. Le vélodrome qui n'a pas d'éléments de soutènement supporte une construction en boutisse d'acier dont la forme rappelle celle d'une toile d'araignée.

en haut, au milieu et
en bas à droite : vélodrome
à gauche : immeuble de bureaux et de commerces
(cf. p. 151)

Bürocenter (photo en haut à gauche et à droite)
(Bornitzstraße, Berlin-Lichtenberg)
Architectes : Kahlen und Partner, Berlin
1994-99

Le Bürocenter de six étages, situé à Berlin-Lichtenberg, sait convaincre avec ses formes architecturales mouvantes et variées. L'élément qui attire le regard est l'aile principale avec ses étages supérieurs saillants et le toit ondulé.

Immeuble de bureaux et de commerce
(photo p. 150 en bas à gauche)
(Frankfurter Allee 69/Voigtstraße 1, Berlin-Friedrichshain)
Architectes : Takamatsu + Lahyani GmbH, Kyoto / Berlin 1993-94

Le choix des matériaux et les formes architecturales "frivoles" confèrent un certain accent à ce bâtiment d'angle au sein des constructions de la Frankfurter Allee. Au premier coup d'œil, le revêtement en granit poli noir, les surfaces de verre ainsi que les quatre tubes de verre au style futuriste s'élevant au-dessus de l'entrée au niveau des étages supérieurs donnent une impression de richesse et d'espace.

Ostkreuz (photo de droite)
(Schreiberhauer/Kaskelstraße, Berlin-Lichtenberg)
Architectes : J.S.K. Architekten, Berlin
1996-99

A côté de la station Ostkreuz du *S-Bahn* est apparu l'un des plus grands centres de prestations de service de Berlin, même si les bâtiments qui le composent n'offrent rien de très spectaculaire. Une exception a toutefois été faite avec la réalisation des architectes J. S.K. Perkins & Will, une haute tour bombée de treize étages qui suit le tracé de la S-Bahntrasse et dont les parois extérieures lisses et uniformes se composent uniquement de verre et d'aluminium. Pour la construction de huit étages sur la Scheibenhauerstraße, les architectes ont choisi un revêtement en brique et en aluminium.

Immeubles d'habitation
(Nöldnerstraße 1, 6-7, Berlin-Lichtenberg)
Architecte : Werner Wöber, Vienne
1996

Ces immeubles d'habitation dont les murs aux vives couleurs donnent l'impression d'avoir basculé du fait qu'ils sont inclinés dans différentes positions les uns par rapport aux autres, confère une apparence inhabituelle à Nöldnerstraße où ils se situent.

"Wasserstadt" (ville d'eau) dans la baie de Rummelsbourg

La baie de Rummelsbourg (*Rummelsburger Bucht*) au sud-est de Berlin était, du temps de R.D.A., une zone infestée d'industries et d'ent pôts qui a depuis lors été libérée de ses ancier "parasites". Dans le cadre de la candidature d Berlin pour les jeux olympiques 2000, on avai prévu d'installer ici le village olympique. A cet fet, Klaus Theo Brenner ainsi que les architect paysagistes Duquesnoy et Thomanek ont dév loppé en 1993 le modèle d'un "paysage urbain Ce projet fut commercialisé en tant que "Expo 2000-Projekt" et un nombre impressionnant nouveaux bâtiments fort agréables est apparu dans un paysage plein de charme. D'ici 2015, plus de 5.900 logements, 425.000 mètres carı de bureaux et de commerces, deux écoles et s garderies d'enfant verront le jour.

Twin-Towers

Twin-Towers (les tours jumelles)
(Hoffmannstraße/Eichenstraße, Berlin-Treptow)
Architectes : Kieferle & Partner (Georg Kieferle, Eberhard Bender et Cornelia Kieferle-Nicklas), Stuttgart
1995-98

C'est à proximité directe de Treptower que se dressent les Twin-Towers, deux hautes tours identiques de 17 étages se faisant face en reflet inversé. Ces deux tours dont la conception diverge quelque peu des tours habituelles au niveau des cages d'escaliers latérales, des saillies et des rentrants ainsi que du toit s'ouvrant vers le ciel, se tournent l'une vers l'autre en présentant un dernier étage arrondi. Elle sont reliées l'une à l'autre par un socle en pierre naturelle couvrant la hauteur des trois premiers étages. Deux autres immeubles de bureaux se regroupant autour d'une cour intérieure carrée font également partie du complexe des Twin-Towers.

Treptower
(Hoffmannstraße/Elsenstraße, Berlin-Treptow)
Architectes : Gerhard Spangenberg, Berlin ; Reichel & Stauth, Braunschweig ; Schweger + Partner, Hambourg / Berlin
1995-98

Visible de loin de la Spree et bien situé près de la station Treptower Park du *S-Bahn*, le plus grand immeuble de bureaux de Berlin appartient au nouveau centre de prestations de service. La tour de l'architecte berlinois Spangenberg comporte trente étages et présente à son niveau inférieur une structure modèle en forme de cube revêtue de pierre, tandis que les autres étages se caractérisent par une construction en acier et en verre. Il s'intègre parfaitement bien aux autres constructions plus petites et de couleurs différentes. Le complexe intègre les bâtiments de l'ancienne AEG, une société érigée entre 1928 et 1938 sous la forme d'édifices en brique selon les plans d'Ernst Ziesel et utilisée sous le nom de Elektro

Treptower

Apparate Werke EAW à l'époque de la R.D.A. Les trois imposants blocs d'habitation de l'architecte hambourgeois Schweger, qui sont situés transversalement par rapport à la Spree et dont les couleurs sont quasiment uniformes, offrent un effet peu spectaculaire.

Crématorium Baumschulweg
(Baumschulweg, Berlin-Treptow)
Architecte : Axel Schultes, Berlin
1996-98

L'extérieur de cette construction se caractérise par ses formes cubiques et claires ainsi que par son béton non revêtu. L'intérieur confère une impression vraiment mystique avec sa multitude de colonnes et ses effets de lumière. Au-dessus des 29 colonnes en béton qui supportent la construction du toit se tiennent des ouvertures circulaires donnant l'impression que les colonnes sont des bougies en train de brûler. Un effet de lumière singulier caractérise également les trois halls de cérémonie (photo en haut à gauche)

Immeuble d'habitation
(Radickestraße 7, Berlin-Treptow)
Architecte : Georg Ritschl, Berlin
1995

Business-Center sur le terrain du WISTA (Wirtschafts- und Wissenschaftsstandort Berlin-Adlershof)
(Rudower Chaussee 5, Berlin-Treptow)
Architecte : Dörr-Ludolf-Wimmer, Berlin, 1996-97

Centre d'innovations photoniques (*Innovationszentrum für Photonik*)
(Gewerbe- und Wissenschaftsstandort Adlershof, Rudower Chaussee 6, Berlin-Treptow)
Architectes : Matthias Sauerbruch, Louisa Hutton, Londres / Berlin
1996-98

Les édifices en verre du centre d'innovations photoniques aux toits plats, un laboratoire d'optique et de laser situé dans la partie sud-est de Berlin, font partie à la fois des plus inhabituelles et des plus esthétiques constructions de Berlin édifiées ces dernières années. Du fait de leur tracé arrondi, ces deux bâtiments ont reçu le surnom d'"amibes". Une originalité particulière tient dans le fait que l'un des édifices possède des locaux dénués de fenêtres (pour les laboratoires) et présente une paroi extérieure tout en verre et, par conséquent, transparente. Les surfaces en verre permettent de voir

l'intérieur qui se compose de couleurs vives bigarrées. Cet éventail de couleurs ainsi que les lamelles de protection solaire en forme de stores avec leurs 39 couleurs différentes confèrent à la façade transparente son caractère bigarré que l'on peut comparer à la façade du building du GSW, également réalisé par Sauerbruch & Hutton. Là encore, les architectes utilisent ici une double façade en verre qui permet une ventilation et un maintien de la température des locaux.

Références bibliographiques

Architektur in Berlin, Jahrbuch 1993/94ff. (hg. v. d. Architektenkammer Berlin).

Back, Louis; Demps Laurenz: Der Leipziger Platz gestern und morgen, Berlin 2002.

Bauwelt Berlin Annual (Chronik der baulichen Ereignisse 1996 bis 2001), Bd. 1 1996, Bd. 4 1999/2000, Basel/Berlin/Boston 1997–2000.

Behr, Adalbert: Bauen in Berlin 1973–1987, Leipzig 1987.

Berlin im Licht. In: Licht. Planung – Design – Technik – Handel, Oktober 2001.

Berlin – Offene Stadt. Die Stadt als Ausstellung (hg. v. d. Berliner Festspielen und der Architektenkammer Berlin), Berlin 1999.

Berning, M.; Baum, M.; Lütke-Daldrup, E.: Berliner Wohnquartiere. Ein Führer durch 60 Siedlungen in Ost und West, Berlin 1994.

Bollé, M. (Hg.): Der Campus. Ein Führer durch das Gelände der HDK und der TU, Berlin 1994.

Demokratie als Bauherr. Die Bauten des Bundes in Berlin 1991–2000 (hg. v. Bundesministerium für Verkehr, Bau- und Wohnungswesen), Berlin 2000.

Burg, A.: Architekten Kollhoff und Timmermann, Basel/Berlin/Boston 1998.

Cullen, M. S.: Der Reichstag. Parlament, Denkmal, Symbol, Berlin 1995.

Dorner, E.: Daniel Libeskind. Jüdisches Museum Berlin, 2. Aufl. Berlin 2000.

Dudler, M.; Pauser, W.: Schulbau in Berlin-Hohenschönhausen, Berlin 1999.

Eller, P.; Wasmuth G. (Hg.): Der Umzug. zur Architektur, Kunst, Geschichte, Denkmalpflege und Planungsgeschichte des Bonn-Berlin-Umzugs unter bes. Berücksichtigung des BM der Justiz, Petersberg 2001.

Englert, K.; Tietz, J. (Hg.): Botschaften in Berlin, Berlin 2003.

Gemäldegalerie Berlin. Der Neubau am Kulturforum, Berlin 1998.

Gerkan, Meinhard von: Architektur für den Verkehr, Architecture for Transportation. Von Gerkan, Marg und Partner, Basel/Berlin/Boston 1997.

Haberlik, C.; Zohlen, G.: Die Baumeister des Neuen Berlin. Porträts, Konzepte, Berlin 1997.

Hauptstadt Berlin. Berlin. Denkmalpflege für Parlament, Regierung und Diplomatie 1990–2000 (= Beiträge zur Denkmalpflege in Berlin 16, hg. v. Landesdenkmalamt Berlin), Berlin 2000.

Jenner, M.: Neue Britische Architektur in Deutschland, München 2000.

Kapitzki, C.: Berlin – Versionen werden Realität, Berlin 1998.

Kieren, M.: Neue Architektur, Berlin 1990–2000. New Architecture, Berlin 1990–2000 (hg. v. Förderverein Deutsches Architektenzentrum Berlin), Berlin 1997.

Kleihues, J. P. (Hg.): Bauen in Berlin 1900–2000, Berlin 2000.

Kleihues, J. P. (Hg.): 750 Jahre Architektur und Städtebau in Berlin. Die Internationale Bauaustellung im Kontext der Baugeschichte Berlins, Ausstellungskatalog Neue Nationalgalerie Berlin 1987, Stuttgart 1987.

Mesecke, A.; Scheer, T. (Hg.): Josef Paul Kleihues. Themen und Projekte. Themes and Projects, Basel/Berlin/Boston 1996.

Krüger, T. M.; Knoch, P.; Schaefer, M. (Hg.): Architekturstadtplan Berlin, Berlin 2001.

Meyer, U.; Hoffmann, H. W.: Bundeshauptstadt Berlin. Parlament, Regierung, Ländervertretung, Botschaften, Berlin 1999.

Die Neuen Architekturführer (Stadtwandel Verlag, Berlin); zahlreiche Ausgaben zu Neubauten in Berlin.

Pabsch, M.: Zweimal Weltstadt. Architektur und Städtebau am Potsdamer Platz, Berlin 1996.

Der Potsdamer Platz. Geschichte, Wettbewerb, Neugestaltung, Berlin 2000.

Redecke, S.; Stern, R.: Foreign Affairs. Neue Botschaftsbauten und das Auswärtige Amt in Berlin, Basel/Berlin/Boston 1997.

Sauerbruch, Hutton, Projekte 1990–1996, Basel/Berlin/Boston 1996.

Senatsverwaltung für Bau- und Wohnungswesen (Hg.): Projekte für die Hauptstadt Berlin, Städtebau und Architektur, Bericht 34, 1996.

Stimmann, H. (Hg.): Berlin-Mitte. Die Entstehung einer urbanen Architektur, Berlin 1995.

Oswald Mathias Ungers, Bauten und Projekte 1992–1998, Stuttgart 1998.

Welch-Guerra, M.: Hauptstadt Einig Vaterland. Planung und Politik zwischen Bonn und Berlin, Berlin 1999.

Zohlen, G. (Hg.): Berlin – Offene Stadt. Die Erneuerung seit 1989, Berlin 1999.

INDEX DES ARCHITECTES

INDEX DES CONSTRUCTIONS